MATERIALS INFORMATION

Prologue

Plan B,
Steel Frame!

빠듯한 예산 안에서도 좋은 결과물을 얻기 위해, 재료와 비용 비중이 큰 공종을 연구하며 지내온 시간이 제법 많이 쌓였다.

그 과정에서 국내 중·소형 대부분의 건축물이 철근콘크리트구조로 이루어져 있으며, 그로 인한 구조적 현실을 자연스럽게 마주하게 됐다. 이는 기술적 선택이기보다는 산업적 관성과 시장 구조가 맞물린 결과다. 철골구조는 비싸다는 선입견이 강하고, 중·소규모 건설 인프라의 대부분이 철근콘크리트 시공 체계에 적합하게 구성된 까닭이기도 하다. 특히 철근콘크리트의 대안이 될 수 있는 철골은 공장 제작을 기반으로 한 정밀한 공정 관리가 필수적이지만, 시스템에 익숙하지 않다는 점에서 계획 단계에서부터 배제되는 경우가 대부분이다.

지난 10년간 가파르게 오른 인건비는 건설비 상승을 촉발했다. 국내 대규모 아파트 단지의 3.3㎡당 공사비 단가는 1천만 원대 전후를 상회했고 분양가는 예측을 넘어선 지 오래다. 내진 구조의 강화, 현장에서의 사고를 예방할 여러 안전 제도의 신설, 민원 처리 비용과 각종 심의로 인한 과잉 설계 등. 공사비 상승 요소는 아직도 많은 듯하다. 너무나 가파른 비용의 상승은 이제 사업성이 따라가지 못할 지경이다. 이러한 제약 속에서 건설 산업은 정밀하면서도 안전한 시공으로 이윤을 창출하고, 건축주는 안정적인 사업성을 확보할 수 있을까? 지금의 건축 생태계에서는 대책이 없다.

몇몇 프로젝트를 철골구조로 진행하면서 새롭게 깨달은 점이 있었다. 중·소규모 건축물에 철근콘크리트와 철골의 복합구조를 도입함으로써 철골이 지닌 효율성과 현장의 비효율 사이의 간극을 메우기 위한 여러 가능성을 모색하는 시간이었다. 그렇게 철골에 대한 이해와 경험이 쌓여갈수록 하나의 의문이 더욱 짙어졌다. 과연 중·소형 건축물의 시공비는 철골구조가 철근콘크리트구조보다 정말 더 비쌀까? 만약 그렇지 않다면, '비싸다'는 인식은 어디서 비롯된 것일까? 이미 편제된 시스템으로는 해결 불가한 작금의 상황에서, 여러 분야가 얽힌 채 새로운 대안을 향한 이 질문은 충분히 논의될 만하다.

중·소형 건물이라 할지라도 단순히 철골구조가 더 비싸다고는 할 수 없다는 게 나의 의견이다. 현장의 여건, 시공 숙련도, 자재 수급 및 가공 등 철골 건설 산업의 기반을 이루는 요소나, 설계 및 제작도 등 사전 작업 상황에 따라 달라지는 변수는 있으나, 적어도 철근콘크리트구조에 비해 비싸지는 않을 수 있다.

철골구조의 특성인 조립식 공법과 경량 복합 자재는 건설 현장의 투명성과 지속가능성을 함께 끌어올린다. 공장에서 정밀하게 제작된 부재를 현장에서 조립하는 방식은 폐자재 발생을 최소화하고 인건비를 줄이며, 불필요한 현장 변수들을 제거한다. 이러한 체계적 공정은 결과적으로 시공 품질을 높이고, 공사 기간을 단축시킨다. 특히 창호를 선 발주해 '창호-방수-단열-마감'의 순서로 진행되는 정밀한 시공 프로세스의 구현이 가능해지면서, 각 공정 간 간섭을 줄이고 완성도를 극대화한다. 다만 이러한 장점이 온전히 구현되기 위해서는 철골에 대한 충분한 이해와 세밀한 설계가 전제되어야 한다. 제작 단계부터 설계자와 제작자 간에 긴밀한 협업이 이루어질 때 비로소 철골구조의 장점이 빛을 발한다.

'재료의 재해석과 재구성'이라는 일련의 기술적인 도전은 우리가 직면한 사회 현상의 해결책이 되는 동시에, 격변하는 환경에 대응할 새로운 건축 시스템이 될 것이다. 그 중심에는 지금껏 우리가 놓쳤던 '철골'이 있다.

2025년 10월
발행인 윤재선

발행 배포_에잇애플(주)
First published and distributed by 8apple ltd.

GARM magazine

에잇애플 주식회사
06580 서울특별시 서초구 서래로6 B102
T: 02-537-1536
E-mail: info@8apple.kr
garmmagazine.com
garm_magazine
garmssi

감26 철골구조
GARM ISSUE 26
STEEL FRAME

초판 1쇄 인쇄 2025년 10월 21일
초판 1쇄 발행 2025년 10월 24일

발행인_윤재선
편집장_박재일
에디터_구자영, 김현경, 이영령
객원 에디터_박소정
자문_황형주
디자인_그래픽스튜디오베이스

발행처_에잇애플(주)
출판등록 2017. 4. 14.(제2017-000078호)
ISBN 979-11-89485-27-6

※
이 책은 저작권법에 따라 보호받는 저작물이므로 무단전재와 무단복제를
금지하며, 이 책 내용의 일부 또는 전부를 이용하려면 반드시 사전에
저작권자와 출판권자의 서면 동의를 받아야 합니다.

All rights reserved. No part of this publication may be reproduced,
stored in a retrieval system, or transmitted in any form or by any
means, electronic, mechanical, photocopying, recording, or
otherwise, without prior consent of the publisher.
Printed in Seoul, South Korea

COVER: ⓒ김용관

GARM

감26
철골구조

**GARM ISSUE 26
STEEL FRAME**

garmSSI

GARM 26　　　　　　　　　　　　　　　　　　　STEEL FRAME

1
CHRONICLE

14

History
철골 건축의 역사

20

Development
국내 철골구조의 도입과 진화

Contents

2 THEORY & GENERALIZATION

26 Genealogy
종류: 철골구조에서 뻗어 나온 일곱 이야기

32 Outline
구조: 건축물의 챕터

38 Element
부재: 철골구조를 실현하는 구체적인 재료들

44 Connection
연결: 이음과 접합

50 Manufacture
제작: 공장에서 현장까지

3 REPORTAGE

58 Record
철골, 제작의 기록

©GARM

4 PROJECT

70
Linear
정제된 선의 건축: Teo 101

82
Color
도시를 틔우는 붉은 프레임:
스페이스 운 갤러리

92
Challenge
철골이라는 씨앗에서 키워낸 울창한
나무숲: STEEL TEBAH

104
Frame
구조와 건축의 경계를 다시 묻다:
HD현대 글로벌 R&D 센터

122
High-rise
철골 시스템으로 완성한 초고층:
PARC ONE

Contents

5
KNOWLEDGE

140
Protection
화재로부터 구조를 지키는 기술

144
Technology
현장을 읽는 기술
Scan to BIM이 바꾼 설계의 순서

150
Q&A
철골구조를 둘러싼 궁금증 10가지

6
SUPPLEMENT

158
Space
Steel Experience:
구조로 완성된 공간

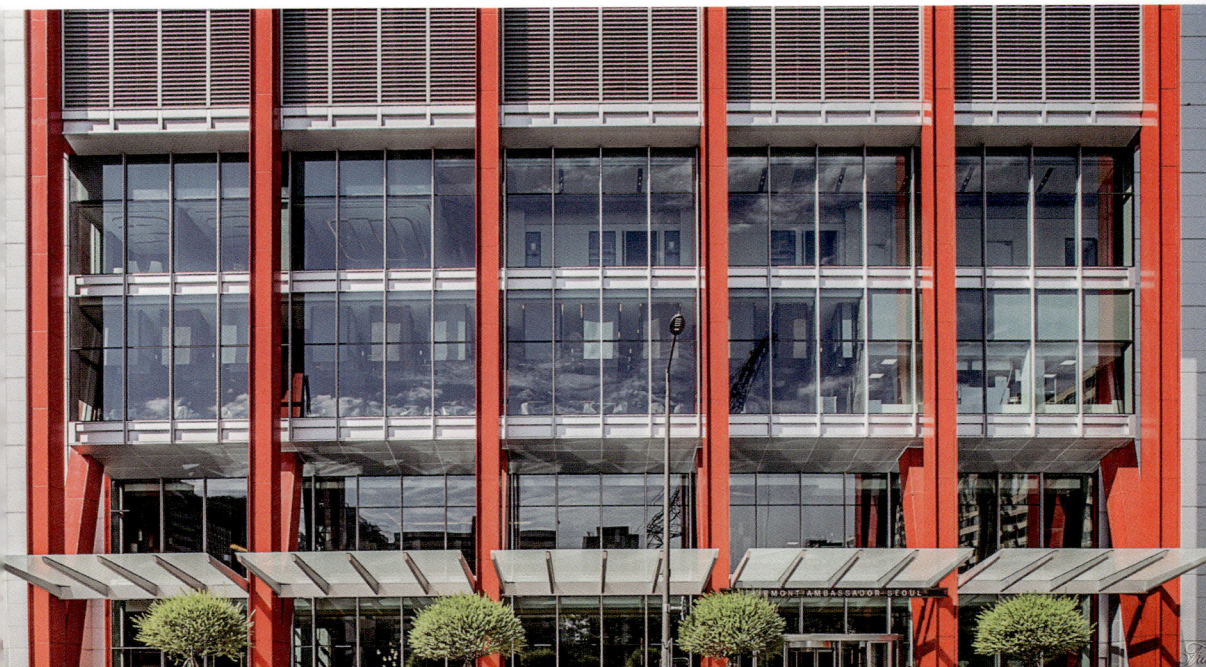

1

CHRONICLE

History

철골 건축의
역사

증기기관의 굉음이 도시를 채우고 인간의 삶이 수직으로 확장되던 19세기 말, 철은 건축에서 단순한 보조재를 넘어 주인공으로 부상했다. 특히 철골이 등장하며 기존의 벽체 의존 방식을 벗어나 기둥과 보의 조합만으로도 형태를 구성할 수 있게 되었으며, 이는 건축물의 내부 공간 구성과 형태를 조직하는 데 있어 근본적인 혁신을 가져왔다. 철골구조의 등장과 기술적 도약이 현대건축의 패러다임을 어떻게 바꿔 놓았는지 그 여정을 따라가 보자.

-
에디터 이영령

강철 구조물의 첫 탄생

1856년, 영국의 기술자이자 발명가 헨리 베세머Henry Bessemer가 개발한 베세머 공정1)은 건축 구조물에 사용할 수 있는 경제적이고 균일한 품질의 강철을 대량 생산하는 데 결정적인 전환점이 됐다. 이는 고비용·저생산의 주철 시대를 지나 저비용·고성능의 강재 시대로 진입하게 된 것으로, 이후 생산된 강철은 이전보다 더 가볍고 강도가 높아졌으며, 구조적 효율 또한 크게 향상됐다. 이후 지멘스-마르탱 공정Siemens-Martin process(평로 제강법), 토머스 공정Thomas process 등 강철 생산의 품질과 안정성을 한층 높이는 발명이 더해지면서 강재는 미국을 비롯한 여러 산업 국가로 확산됐고, 건축 구조시스템의 재료 혁신을 주도하게 된다.

초기의 철골구조는 리벳2)이라는 고온 접합 방식을 통해 각 부재를 연결했다. 이 방식은 철제 기둥과 보가 건물의 하중을 직접 지탱할 수 있게 한 것으로, 하중을 지탱하는 구조를 벽에서 철골로 전환함으로써 내부 공간의 유연성과 바닥 면적의 극대화가 가능해졌다. 즉, 무거운 석조 벽을 두지 않고도 자유로운 공간 구성과 고층의 구현이 가능해진 것이다.

산업혁명의 상징이라 할 수 있는 영국의 콜브룩데일 제철소Coalbrookdale Foundry에서 만든 주철로 지어진 아이언 브리지Iron Bridge는 세계 최초의 주철 아치교로, 약 30m 길이의 단일 아치 구조로 이루어져 있다. (『GARM 07 철재』 p.23 참고)

그러나 오늘날 건축에 사용되는 철골구조 시스템의 본격적인 시작은 1797년 찰스 베이즈Charles Bage가 설계한 디더링턴 아마 방직 공장Ditherington Flax Mill에서 찾아볼 수 있다. 이 5층짜리 방직 공장은 주철 기둥과 철제 보를 기반으로, 반원형 아치를 얹은 하이브리드 구조를 채택했다. 이는 내화성과 구조 안전성을 동시에 확보하기 위한 것으로, 이는 이후 시장이나 기차역, 창고, 온실, 전시장 등 신속한 시공과 큰 공간이 요구되는 건축물에서 철골구조가 본격적으로 활용되는 계기가 됐다.

하지만 당대의 기술력은 아직 미성숙했고, 구조적 독립성을 갖춘 고층 건물에는 분명 한계가 있었다. 이 때문에 주철로 만들어진 구조물은 여전히 외부 조적 벽체와 혼용되는 것이 일반적이었으며, 철골구조만으로 온전한 프레임을 구성하기까지는 몇십 년의 실험과 진화를 거쳐야 했다.

도시 역사의 어두운 이면

1871년, 미국 시카고에서 발생한 대화재는 단순한 도시 재난이 아니었다. 17,000여 채의 건물이 불에 타고 도시의 3분의 1이 소실되며 약 10만 명의 이재민이 발생한 이 사건은 미국 도시 건축의 전환점으로 기록되고 있다. 그 가운데 도시를 재건하기 위해 투입된 건축가와 도시 계획가들은 건축자재와 설계 방식을 근본적으로 다시 살펴볼 필요성을 느꼈다. 당시 목조건물이 화재를 확산시킨 주요 원인이었다는 인식 속에서, 내화성과 구조적 안정성을 동시에 갖춘 재료에 대한 필요성이 대두되기 시작했다. 그리고 이러한 문제의식은 내화성과 빠른 시공성을 갖춘 철과 강철을 구조재로 활용하는 새로운 건축 방식으로 이어지게 된다.

이 시기를 기점으로 철골구조가 미국을 중심으로 급속히 확산되었는데, 그 전환의 대표적인 사례가 윌리엄 제니William Le Baron Jenney의 홈 인슈어런스 빌딩Home Insurance Building이다. 오늘날 마천루의 기원이기도 한 이 건축물은 철골구조가 주요 하중을 지탱하는 시스템을 적용한 선구적인 시도였다. 기둥에는 주철을, 하부 6개 층에는 연철을, 상부에는 강철과 정강재를 조합해 사용함으로써, 19세기 후반 당시로서는 획기적인 철골-하이브리드 시스템을 구현했다.

반면, 비슷한 시기에 지어진 모나드녹 빌딩Monadnock Building은 조적식 구조가 고층 건축에 있어 한계에 도달했음을 명확히 보여준다. 약 66m 높이의 이 빌딩은 주요 하중을 두꺼운 외벽이 모두 지탱하는 조적식 건물이었기 때문에 지상층의 외벽 두께만 무려 1.8m에 달했다. 이러한 구조는 실내 공간의 활용도가 낮을 뿐만 아니라, 경제적인 측면에서도 비효율적이었다. 결국 두 사례를 통해 도시가 수직으로 성장하는 시대에 진입하면서 철골구조만이 유일한 대안이라는 인식이 정착되기 시작했고, 이는 현대 고층 건축의 서막을 여는 중요한 흐름으로 자리 잡게 된다.

홈 인슈어런스 빌딩
1885년에 완공된 홈 인슈어런스 빌딩은 강철 골조를 활용해 이전에 없던 높이와 구조적 안정성을 구현하며 세계 최초의 마천루로 평가받는다.

⇩ 1931년 철거된 홈 인슈어런스 빌딩의 구조를 살펴보고 있는 미국 건축가 앤드류 니콜라스 레보리와 그의 동료들

모나드녹 빌딩
16층 규모의 초고층 빌딩으로, 현재까지도 오피스 용도로 사용되고 있다.

철골구조의 기술적 도약

1889년 파리 만국박람회는 철골구조의 역사에 하나의 전환점이 됐다. 박람회를 위해 건설된 에펠탑은 총 높이 300m에 달하는 철제 구조물로, 그 자체로 구조공학의 상징이자 고층 건물의 구조시스템 측면에서도 중요한 시사점을 남겼다. 격자형 트러스 구조로 설계되어 자체 중량과 바람에 의한 횡하중을 효율적으로 처리했으나, 실내 활동이 가능한 고층 건물이 되기 위해서는 더욱 정교한 횡하중 지지 시스템이 필요했다. 이와 같은 기술적 요구는 당시 10층 안팎에 머물던 고층 건물의 한계를 돌파하고, 더 높은 건축을 가능하게 하는 핵심적인 동력이 됐다.

횡하중 지지 시스템과 함께 초고층 건축의 발전을 100년 넘게 이끌어 온 또 하나의 핵심 요소가 있었다. 바로 엘리베이터다. 초기 엘리베이터는 1851년 뉴욕의 한 호텔에 처음 도입됐으며, 1870년에는 뉴욕의 에퀴터블 라이프 빌딩Equitable Life Building에 본격적으로 적용되면서 고층 건축이 현실적인 대안으로 부상하게 된다. 엘리베이터의 도입은 높은 건물의 수직 이동을 가능하게 하며, 더 이상 계단이 건축의 물리적 한계를 규정하지 않게 되었음을 의미했다. 특히 고층 건물을 누구나 쉽게 접근할 수 있는 일상적인 생활 공간으로 전환하는 데 결정적인 역할을 했다.

이렇듯 유럽에서 개발된 다양한 혁신 기술들은 미국 시카고와 뉴욕에서 집중적으로 활용됐다. 나아가 강철의 가단성[3]을 기반으로 한 용접 및 볼트 접합 기술의 개발은 부재 간의 견고하고 연속적인 연결을 가능하게 했으며, 보다 유연한 설계와 안정적인 고층 구조를 실현하는 데 큰 역할을 했다. 이러한 기술 발전의 정점을 보여주는 사례가 바로 윌리엄 밴 앨런William Van Alen이 설계한 크라이슬러 빌딩Chrysler Building과 슈리브, 램 & 하먼Shreve, Lamb & Harmon의 엠파이어 스테이트 빌딩Empire State Building이다. 이들은 당대 기술력의 결정체이자, 강철구조가 이끈 마천루 시대의 상징적인 건축물로 평가받는다.

이 시기를 기점으로 건물 외벽은 구조적 하중을 지탱할 필요가 없어졌고, 그 결과 외벽은 점차 채광과 환기에 최적화된 얇고 투명한 외피 '커튼월curtain wall'로 대체되기 시작했다. 철골구조와 엘리베이터, 커튼월이라는 세 가지 핵심 요소의 결합은 고층 건축의 새로운 패러다임을 만들었으며, 고층 건물 설계의 기본 구성 요소로서 오늘날까지도 이어지고 있다.

초고층의 한계를 넘어

도시에 인구가 집중될수록, 한정된 대지를 최대한 활용하고자 하는 욕구는 커져갔다. 이에 따라 건물은 더 빠른 속도로 거대해졌으며, 용도도 복합적으로 변해갔다. 이러한 흐름은 단순히 수직 성장만을 의미하기보다 쾌적성, 경제성, 효율성을 동시에 만족시켜야 하는 요구로 이어졌고, 건축 구조에 대한 더욱 혁신적인 해법을 요구하게 됐다.

특히 1960년대에 이르러 건설용 강재의 발전과 함께 컴퓨터 지원 설계CAD와 컴퓨터 지원 제조CAM 기술이 도입되면서 건축 구조시스템은 획기적인 전환점을 맞이한다. 이 시기에 구조 방식의 한계를 극복하기 위한 다양한 시도가 이뤄졌으며 고층 철골구조, 경량철골구조, 철근콘크리트 복합구조 등 새로운 구조시스템이 개발됐다.

이러한 변화의 중심에는 미국의 구조공학자 파즐루 R. 칸Fazlur R. Khan이 있다. 그는 초고층 건물의 이상적인 해법으로 프레임-튜브 시스템Frame-Tube System을 제안했다. 제안된 방식은 2~4m 간격으로 배치된 수직 기둥을 수평 부재와 연결하여, 건물 전체를 하중을 견디는 강력한 튜브 구조로 전환하는 것이었다. 이 시스템은 바람이나 지진과 같은 횡하중에 대한 저항력을 극대화하는 동시에, 내부 공간의 유연한 설계를 가능하게 했다. 이러한 개념은 이후 발전을 거듭하며, 오늘날 초고층 건물에서 널리 사용되는 구조시스템인 튜브 인 튜브Tube-in-Tube, 멀티 빔 튜브Multi-Beam Tube, 대각선 가새 튜브Diagonal Bracing Tube 등으로 확장됐다.

1) 베서머 공정the Bessemer process: 용융 선철에 공기를 불어넣어 산화시킴으로써 철의 불순물을 제거해 순수한 강철을 생산할 수 있다.
2) 리벳: 금속 부품을 서로 단단히 고정하기 위해 사용하는 원통형의 금속 핀. 주로 철골 구조, 교량, 조선, 항공기 제작 등에 사용되며, 볼트나 용접이 널리 쓰이기 전까지 대표적인 연결 방식이었다. (p.44 참고)
3) 가단성: 금속이 깨지지 않고 망치로 두드리거나 눌러서 다른 모양으로 만들 수 있는 성질. 금속이 견딜 수 있는 압력이 클수록 가단성이 좋다고 할 수 있다.

크라이슬러 빌딩
스테인리스 스틸 클래딩으로 마감된 크라운으로 잘 알려져 있으며, 이는 새로 개발된 강철 합금을 건축에 널리 적용한 초기 사례 중 하나이다.

Development

국내 철골구조의
도입과 진화

한국 건축에서 철골구조는 기술적 진보를 넘어 시대의 요구와 건축가의 상상력을 실현하는 골조로서 진화해 왔다. 덕수궁 석조전에 숨어 있던 바닥 구조에서부터 오늘날 초고층 빌딩과 대형 플랜트, 인프라에 이르기까지. 철골구조는 한국의 건축역사에서 전환적 장면을 보여주는 듯하다. 이제 한국 건축의 흐름 속에서 철골구조가 어떻게 도입됐는지, 또 어떤 전환을 거쳐 현재에 이르렀는지, 현대건축에서 철골구조가 가지는 의미를 조망해 본다.

에디터 **이영령**

덕수궁 석조전에 숨은 비밀

우리나라에 언제 철골구조가 처음 도입됐는지에 대한 정확한 기록은 없다. 하지만 철골구조의 흔적은 덕수궁 석조전 바닥에서 확인할 수 있다. 석조전 보수 공사 과정에서 철골 보강이 드러났는데, 이는 19세기 말 영국 및 일본에서 쓰인 구조시스템이었다. 내화 성능을 확보하고자 고안된 혼합형 철골구조로, 철골보 사이에 벽돌로 아치를 쌓고 무근콘크리트를 평평하게 타설해 바닥을 구성하는 방식이다.

  석조전은 건설 과정에서 1902년에 잠시 중단된 적이 있는데, 이후 1903년에 일본의 건설사 오쿠라구미大倉組에 의해 공사가 재개되며 철골구조가 도입된 것으로 추정된다. 당시 일본에는 간단한 철골 설계 및 시공이 이미 보편화돼 있었다. 일본 내 주요 관청과 금융 시설 등에도 철골구조가 적용됐기 때문에, 석조전 역시 이러한 맥락에서 철골구조가 적용된 것으로 추측된다.

  그러나 석조전을 온전한 철골 구조물이라고 보기는 어렵다. 조적식 내력벽 위에 부분적으로 철골을 보강한 이 구조는, 본격적인 철골구조의 보급 이전에 내화 성능과 구조적 안정성을 확보하기 위한 일종의 과도기적 해법이었다. 다시 말해 석조전은 한국 철골구조의 본격적인 시작이라기보다는, 한국 건축이 '철'이라는 재료와 조우한 초기 사례라고 할 수 있다. 이는 한국 근대건축이 동아시아 건축문화와 기술의 흐름 속에서 어떻게 변화하고 있었는지를 보여주는 중요한 단서이기도 하다.

덕수궁 석조전
영국 건축가 하딩 J. R. Harding이 설계했다. 1988년 12월경, 보수 공사 과정에서 석조전의 바닥 구조가 철골구조라는 점이 드러났다.

해방 후 맞이한 변화의 흐름

해방 직후, 한국 건축의 최우선 과제는 재건再建이었다. 6·25 전쟁으로 파괴된 도시를 복원하고 무너진 삶의 기반을 일으켜 세우는 데 모든 건축적 역량이 동원됐다. 주로 보수와 복구에 집중돼 있던 작업은 1955년을 기점으로 전환점을 맞이한다. 외국의 원조를 통해 미국과 일본의 신기술 및 자재가 유입되면서 한국 건축계가 활기를 띠기 시작한 것이다. 충주비료공장, 문경시멘트, 인천판유리공장 등 기초 산업의 플랜트 시설 상당수가 철골구조로 세워졌고 이후 장스팬 구조를 요하는 극장, 대형 창고 등으로도 철골은 점차 자리를 넓혀갔다. 그렇게 철골은 기능성과 구조적 효율성을 바탕으로, 조적조 건축이나 목조건축은 감당하지 못하는 규모와 형식을 실현하는 수단이 되었다.

철골구조는 1960년대 산업화의 흐름과 함께 본격적인 건축 형식으로 자리 잡기 시작했다. 철도나 항만 등 일부 특수 시설에 국한돼 있던 철골구조는 이때부터 일반 건축물에도 도입됐다. 1962년부터 1966년까지 추진된 제1차 경제 개발 5개년 계획과 함께 산업 시설과 업무용 고층 건물들이 빠르게 세워졌다. 이러한 흐름을 대표하는 건축물이 바로 KAL 빌딩이다. 국내 최초로 20층 이상으로 설계된 이 건물은 H형강을 적용한 고층 철골구조의 출발점이 됐다. 뒤이어 삼일빌딩과 대우센터빌딩 등도 잇달아 등장하며 철골구조는 도시의 스카이라인을 새롭게 써내려가기 시작했다. 처음에는 일본산 강재가 주로 쓰였지만, 서울 중구 을지로2가 재개발 사업을 통해 1987년에 완공된 현암빌딩에는 전면 국산 강재가 쓰였다. 이는 국산 자재로 고층 철골구조를 실현한 상징적 사례로 평가받는다.

철골구조 아파트의 등장

1990년대 후반, 분양가 규제가 사실상 폐지되며 한국 아파트 시장의 무게중심은 공급자에서 소비자로 이동한다. 건설사들은 기존의 벽식 구조 중심의 획일화된 형태에 변화를 가하고자 고급화 및 차별화 전략을 적극 내세우기 시작했다. 그 중심에는 철골구조 아파트가 있었다. 당시 도심지 재개발과 신도시 조성이 활발히 진행되면서 제한된 용적률 안에서 보다 높은 수익과 공간 효율을 확보해야 했던 건설사들은 철골구조를 하나의 해법으로 받아들이기 시작했다. 철골구조는 아파트의 고층화, 고밀화에 유리한 구조적 특성을 갖고 있었다. 평면을 유연하게 구성할 수 있으면서 대형 개구부나 장스팬 구조도 실현할 수 있어 고급화된 아파트 디자인에 유리했다.

이러한 철골구조 아파트는 단지 외형적 변화에만 그치지 않았다. 소비자들 역시 평면의 다양성이나 채광, 조망, 도심 접근성 등 새로운 주거 가치를 요구하기 시작했고, 철골은 이러한 수요에 능동적으로 대응할 수 있는 방식이었다. 이는 건축 기술의 진보뿐만이 아닌, 도시와 사회의 주거 문화를 재구성하는 움직임으로도 해석할 수 있다. 특히 1990년대 초부터 분당, 일산, 평촌 등 1기 신도시를 중심으로 대규모 주거 단지가 조성되면서 철골구조는 현실적인 대안으로 자리매김하기 시작했다. 이러한 변화는 수도권으로의 인구 집중 및 도심지 지가 상승과 맞물려 아파트 시장의 고층화 및 고밀화 경향을 가속시켰다.

스카이라인 너머로 뻗어가는 철골의 활용

현대에 이르러 철골구조는 진보된 형태로 발전하며 한층 더 다양해진다. 롯데월드타워와 파크원 타워 같은 초고층 빌딩은 물론, 철골 트러스를 활용한 서울월드컵경기장과 인천국제공항 여객터미널 그리고 철골 케이블 구조가 적용된 서해대교까지. 철골은 우리나라의 인프라와 공공건축에서도 핵심적인 존재로 자리하고 있다. 이러한 확장은 산업혁명 이후 비약적으로 발전한 철강 생산 기술과 맞물려 있는데, 이는 단순히 구조적 성능의 향상만을 의미하지는 않는다. 철골은 도시 풍경을 그리는 선으로 거듭났으며, 건축가의 상상을 현실로 구현하는 또 다른 매체가 되었다.

인간의 끊임없는 도전을 드러내며 하늘을 향해 솟은 철골 구조물은 단순한 건축물을 넘어 국가와 도시의 경쟁력을 보여주며 새로운 문화적 지형도를 형성한다. 이는 건축이 기술, 자본, 정치, 사회, 예술이 응축된 총체적 표현임을 다시금 일깨운다. 지금 이 순간에도 진화를 거듭하는 철골은 앞으로도 도시에 역동을 가할 것이다.

2

THEORY & GENERALIZATION

Genealogy

종류:
철골구조에서 뻗어 나온
일곱 이야기

건축물대장 구조코드 30번. '강구조'로도 불리는 철골구조는 여러 단면으로 된 철골과 강판을 조립해 리벳으로 체결하거나 용접한 구조를 뜻한다. 이러한 철골구조에서부터 파생된 종류는 기타강구조를 제외하면 총 7가지다. 서로 닮은 듯 다른 개성을 지닌 일곱 이야기는 어떤 모습으로, 또 어떻게 펼쳐져 있을까.

에디터 **구자영**

구조코드 31번 그리고 32번
두께가 만드는 차이,
철골구조의 두 축

일반철골구조 &
경량철골구조

도심 속 마천루와 대형 건축물의 뼈대를 이루어 온 일반철골구조. 두꺼운 열간압연[1] 강재를 볼트나 용접으로 조립하는 방식으로, 강재의 높은 인장강도와 압축강도를 활용한다. 다만 재료비가 많이 필요하고 건물 자체의 중량이 무거워 기초 및 지반 공사에 많은 비용과 시간이 요구된다. 화재 시 강재의 급격한 강도 저하를 막기 위해 내화 피복도 반드시 필요하다. 내화 피복에 관한 자세한 내용은 p.152에서 확인할 수 있다.

경량철골구조는 가벼우면서도 튼튼한 골조로, 단독주택부터 소규모 상업 건물까지 수많은 일상을 지탱한다. 두께 6mm 미만의 얇은 냉간성형[2] 강재를 사용하며, 상온에서 압연하고 절곡한 C형이나 U형 단면 부재가 주로 쓰인다. 일반철골구조에 비해 무게가 최대 절반가량 가벼워 기초 공사 부담이 적고, 공장에서 미리 가공된 부재를 현장에서 조립하는 방식이라 공사 기간도 단축된다. 과거에는 샌드위치 패널 시공을 통한 조립식 건축으로만 여겨졌지만, 최근에는 목재 사이딩, 벽돌, 외단열 미장 마감 등 다양한 외장재와 결합하며 디자인 측면에서의 가능성 또한 크게 확장됐다.

두 구조의 차이점은 강재 제작 방식과 두께, 이로 인한 구조적 성능에서 비롯된다. 일반철골구조가 고온 압연된 두꺼운 강재로 높은 하중을 견디는 구조적 안정성에 초점을 맞춘다면, 경량철골구조는 상온 성형된 얇은 강재로 경제성과 시공성을 극대화한다. 적용되는 건축물의 규모에서도 명확한 차이를 보인다. 일반철골구조는 중·고층 건물이나 대공간이 필요한 건축물에 주로 쓰이는 반면, 경량철골구조는 저층 건물에 적합하다. 비용 측면에서는 경량철골구조가 더 경제적이지만, 구조적인 성능의 한계로 적용 가능한 건물 규모에 제약이 있다. 이러한 차이로 건축물대장에서도 구조코드 31번과 32번으로 구분해 관리하며, 건축 허가 및 구조 설계 기준에도 직접적인 영향을 미친다.

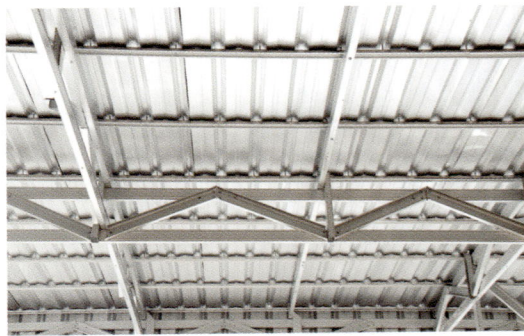

경량철골구조에는 두께 6mm 미만의 얇은 냉간성형 강재가 쓰인다.

구조코드 33번

**구조적 성능과
세련된 미감을 한데 모아**

강파이프구조

곡선의 조형미와 구조적 효율성을 동시에 갖춘 강파이프구조. 속이 빈 원형 혹은 사각형 단면의 강관을 용접이나 특수 접합으로 연결해 건축물의 골조를 이루는 방식으로, '철파이프조' 또는 '강관구조'라고도 불린다. H형강이나 I형강보다 비틀림에 강하고, 동일한 강성을 확보하면서도 중량을 줄일 수 있어 효율적인 구조다. 다만 여러 강관이 한 절점3)에서 만나는 복잡한 형태로 인해 접합부에는 정교한 용접 기술이 요구된다. 형태상 속이 비어 있기 때문에, 내부를 콘크리트로 채우는 CFT concrete filled tube 공법을 활용하면 내력과 내화 성능을 동시에 높일 수 있다.(p.121 참고) 매끄러운 표면 덕분에 유지관리가 용이하고 노출구조로 사용할 경우 특유의 세련된 미감을 제공한다.

Tip 구조는 어떤 기준으로, 왜 분류할까?

건물 구조는 주된 재료와 기둥 등에 의하여 분류하되, 건축물대장 또는 등기부등본 등 공부상에 기재된 구조에 따른다. 사실상의 구조와 공부상의 구조가 다른 경우에는 사실상의 구조에 따른다. 이렇게 건물 구조를 분류하는 이유는 여럿 존재하는데, 그중에는 건물 기준시가를 산정하는 과정을 용이하게 하기 위함도 있다. 건물 기준시가를 산정하기 위해 필요한 것 중 하나가 구조지수이기 때문이다.

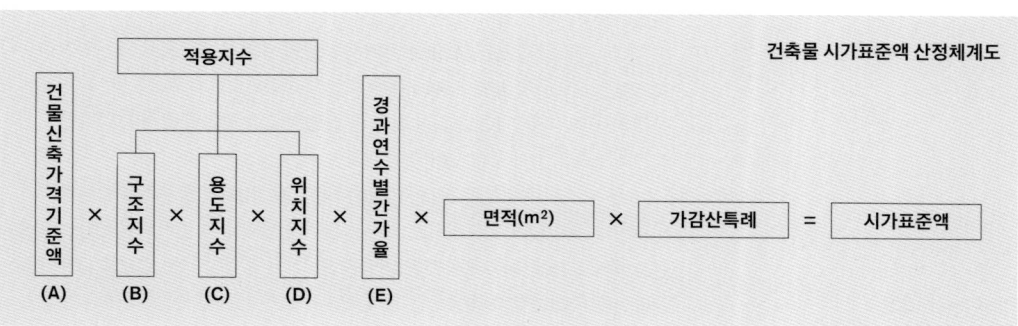

건축물 시가표준액 산정체계도

구조지수란 건축물의 구조에 맞춰 부여한 일정한 값을 의미한다. 국세청 건물 기준시가 계산방법 고시(국세청 고시 제2023-26호) 제7조에서는 아래와 같이 적용하고 있다.

번호	구조별	지수
1	통나무조	135
2	목구조	125
3	철골(철골철근)콘크리트조	110
4	철근콘크리트조, 석조, 프리캐스트 콘크리트조, 목조, 라멘조, ALC조, 스틸하우스조	100
5	연와조, 철골조, 보강콘크리트조, 보강블록조	97
6	시멘트벽돌조, 황토조, 시멘트블록조, 와이어패널조	95
7	철골조 중 조립식패널(EPS패널에 한함)	85
8	조립식패널조	80
9	경량철골조	79
10	석회 및 흙벽돌조, 돌담 및 토담조	60
11	철파이프조, 컨테이너건물	59

구조코드 34번
신속하게, 효율적으로
공업화박판강구조(PEB)

얇은 강판 부재들을 공장에서 미리 제작해 현장에서 조립하는 방식으로, 미국에서는 주로 'Metal Building System'이라는 명칭을 사용한다. 비록 얇은 강판을 사용하지만 변단면 보 등을 활용해 기둥 없는 대공간을 구현할 수 있어 구조적 효율성이 높다. 또한 표준화된 부재를 활용하기 때문에 설계 및 시공 기간을 크게 단축할 수 있다. 'Pre-Engineered Building'에서 유래해 흔히 PEB구조로도 불리지만, 국내에서는 공식적으로 '공업화박판강구조'라는 명칭이 정착됐다. 특히 2014년 경주 마우나오션리조트 체육관 붕괴 사고를 계기로 적설하중 등 외부 하중에 대한 안전 기준이 강화되면서, 공업화박판강구조의 설계와 시공에도 보다 엄격한 관리가 적용되고 있다.

공업화박판강구조는 공장에서 사전 제작된 얇은 강판 부재들을 활용해 기둥 없는 대공간을 구현한다.

구조코드 35번
표준이 모여 완성한 안정성
단일형강구조

표준화된 기성 강재로 안정성을 확보하는 단일형강구조. H형강, I형강, L형강 등 규격화된 압연형강을 그대로 사용하는 방식으로, 여러 강판을 조립해 만든 복합 형태가 아닌 단일 단면의 기성 강재를 활용한다. 균일한 품질의 공장 제작품을 사용하기 때문에 신뢰성이 높고 절단과 용접, 볼트 접합이 단순해 경제적이라는 장점이 있다. 주로 소규모 및 중규모 건축물의 기둥과 보를 구성하는 단순 프레임 구조에 적합하다. 표준 기성 강재 위주로 구성된다는 점에서 조립형강이나 특수 제작 시스템과는 구별된다. 장스팬 구현에는 한계가 있지만, 일상에서 자주 접할 수 있는 철골 구조물의 기본 형태라 할 수 있다. 볼트와 용접을 혼용한 접합 방식을 사용해 현장 시공이 간편하고, 해체 후 재활용하기에도 용이하다.

단일형강구조는 규격화된 압연형강을 그대로 사용하는데, 그 과정에서 단일 단면의 기성 강재가 쓰인다.

트러스구조는 단순하고 명료한 구조 특성과 삼각형의 기하학적 안정성으로 대공간을 실현한다.

구조코드 36번

기하학적 안정성으로 실현하는 대공간의 꿈

트러스구조

삼각형의 기하학적 안정성으로 대공간을 실현하는 트러스구조. 두 개 이상의 직선 부재를 삼각형 형태로 조립해 절점에서 연결함으로써 하중을 지지하는 구조시스템이다. 트러스의 구조 특성은 단순하고 명료하다. 각 부재는 용접이나 볼트 이음을 통해 핀접합 상태로 연결되며 인장력과 압축력에만 저항한다. 단일형강이나 일반철골 프레임이 휨모멘트에 저항해야 하는 것과 달리, 트러스는 부재가 축력만을 받아 동일한 강성을 가진 단일 부재보다 훨씬 가볍고 큰 스팬을 효율적으로 지지할 수 있다. 부산 영화의 전당, 고척스카이돔 등과 같이 수십 미터의 장스팬이 요구되는 체육관, 공항, 전시관 등 대규모 공간의 지붕 구조에 필수적으로 사용된다.

상현재 upper chord는 주로 압축력을, 하현재 lower chord는 인장력을 받으며, 사재 diagonal member와 수직재 vertical member는 트러스 형태에 따라 인장력 또는 압축력을 분담한다. 다만 여러 부재를 정확하게 제작하고 연결해야 하므로 단일 부재를 사용하는 경우보다 제작과 시공이 복잡하다. 또한, 구조적 효율성을 위해 상당한 높이가 필요하므로 건물의 층고 계획에 영향을 줄 수 있다. 용접 기술과 컴퓨터 기반 구조 해석 기술의 발전에 따라 점차 복잡하고 효율적인 형태로 진화하고 있다.

Tip	트러스구조의 주요 형태

트러스구조는 다른 철골구조와 달리 부재의 배치 방식에 따라 구조적 성능과 적용 범위가 크게 달라진다. 같은 트러스라 하더라도 킹포스트와 워렌트러스는 지지할 수 있는 스팬의 길이부터 하중 분배 방식까지 완전히 다르다. 각각의 형태별 특성을 파악하며 트러스구조를 좀 더 자세히 이해해 보자.

 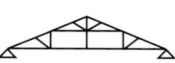 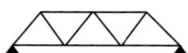 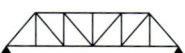 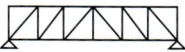

킹포스트 트러스
king post truss

단순한 삼각형 형태의 트러스로, 중앙에 하나의 수직 부재(킹포스트)가 있는 것이 특징이다. 비교적 짧은 스팬에 사용되며 구조가 간단하고 제작이 용이하다.

퀸포스트 트러스
queen post truss

킹포스트 트러스에서 확장된 형태로, 두 개의 수직 부재와 상현재 및 하현재를 연결하는 수평 부재가 추가된다. 킹포스트 트러스보다 긴 스팬을 지지할 수 있다.

워렌트러스
Warren truss

모든 부재가 대각선으로 배열되며, 인장력과 압축력을 번갈아 받는 형태다. 부재 길이가 균일해 제작이 용이하고 간결한 미관 덕분에 교량 등에 널리 사용된다.

프랫트러스
Pratt truss

수직 부재와 대각선 부재가 교차하는 형태로, 하중을 효율적으로 분배한다. 대각선 부재는 주로 인장력을, 수직 부재는 압축력을 받도록 설계된다.

하우트러스
Howe truss

프랫 트러스와 반대되는 배치 방식이다. 대각선 부재가 압축력을, 수직 부재가 인장력을 받는다. 목재와 철재를 혼용할 때 특히 유리한 구조다.

구조코드 37번
목재와 강재의 결합이 빚은 새로움
스틸하우스조 steel framed house

목조주택의 따뜻함과 강재의 견고함을 결합한 새로운 주거의 해법, 스틸하우스조. 두께 1mm 내외의 아연 도금 강판을 냉간성형해 만든 경량형강 부재를 사용하며, 이를 볼트나 나사로 조립해 벽체, 바닥, 지붕을 구성하는 내력벽 방식의 구조 시스템이다. 미국 전통 목조주택에서 유래했으며, 벽식 구조(p.35 참고)라는 특징을 지닌다. 수직 부재인 스터드와 벽면 상하의 수평 부재인 트랙, 바닥이나 천장을 받치는 장선 부재인 조이스트로 이루어지며, 각 구조체는 스크루와 전동 공구로 접합된다. 국내에서는 한때 조적조[4]로 분류됐으나, 2020년부터 철골구조로 공식 분류되기 시작했다.

경량성이 뛰어나 기초 공사 부담이 적고, 전단벽 시스템을 통해 지진이나 태풍 등 수평하중에 효과적으로 저항한다. 경량철골구조와 유사하지만, 스틸하우스는 표준화된 소재와 한국산업표준 규격 시공법을 기반으로 한다는 점에서 차별화된다. 주거용 저층 건물에 특화된 시스템으로, 5층 이하의 단독주택이나 소규모 상업 시설에 가장 적합하다.

1) 열간압연 hot rolling, 熱間壓延: 강을 1,200℃ 이상으로 가열해, 서로 반대 방향으로 돌아가는 롤러 사이로 여러 차례 통과시키며 변형시키는 방법
2) 냉간성형: 금속을 상온에서 가공하는 것
3) 절점 panel point, 節點: 구조물을 구성하는 부재와 부재의 고정 부위 또는 이음 부위
4) 조적조 組積造: 벽돌, 돌, 시멘트 블록 등의 재료를 석회나 시멘트 등을 활용해 쌓는 건축 구조. '조적식 구조'라고도 한다.

스틸하우스조는 한국산업표준 규격 시공법을 기반으로 한다.

Outline

구조: 건축물의 챕터

건축물을 하나의 책으로 비유한다면, 건축물의 구조를 구성하는 요소는 책 속의 챕터라 할 수 있다. 구조는 철골 건축물뿐만 아니라 건축 전반을 지탱하는 핵심 요소다. 구조의 기본 구성 요소를 이해하는 일은 건축 설계 과정에서 합리적인 계획과 결정을 가능하게 한다. 이는 마치 나무 한 그루가 아닌, 숲 전체를 파악하는 것과 같다.
-
에디터 **구자영**

'힘은 흐른다.' - 슬래브, 보, 기둥, 기초, 지반

구조의 위계 속에서, 힘은 일정한 경로를 따라 흐른다. 강물이 바다를 향해 흐르는 것처럼 말이다. 건물 내부에서 우리가 발 딛고 서 있는 슬래브부터 시작해 보, 기둥, 기초를 거쳐 최종적으로 지반에 도달한다. 철골구조의 구성 역시 이러한 흐름을 전제로 한다.

슬래브 slab

건물에서의 바닥은 또 다른 층에서 천장이 되기도 하는데 이를 슬래브라고 한다. 슬래브는 건물의 바닥이자 천장을 이루는 요소다. 주로 수직 방향의 하중을 받아 보로 전달하며, 지진이나 바람 같은 수평하중을 기둥에 전달하기도 한다. 현장에서는 '슬라브', '슬랩'이라고도 불린다.

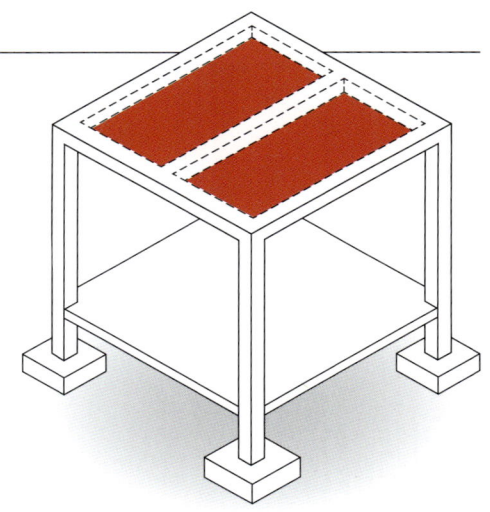

슬래브 — 보 — 기둥 — 기초 — 지반

보

보는 전단력[1]과 휨모멘트[2]에 저항하는 구조 부재다. 슬래브에서 발생한 하중을 기둥으로 전달하는 역할을 한다. 보는 연결 방식에 따라 크게 두 가지로 구분된다. 서로 다른 기둥을 잇는 보뿐만 아니라 그 보들을 잇는 또 다른 보도 있는데, 전자를 '큰보 girder', 후자를 '작은보 beam'라 한다. 큰보는 기둥과 기둥을 이으며, 현장 상황에 따라 '거더'라고도 불린다. 작은보는 큰보에 연결되며 서로 다른 두 큰보를 잇는다. 작은보가 있을 시에는 슬래브에서 비롯된 하중이 작은보를 거쳐 큰보로 흐른다.

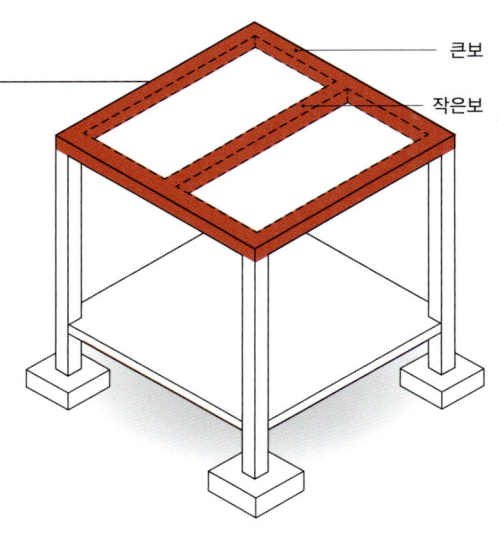

슬래브 — 보 — 기둥 — 기초 — 지반

기둥 column

건축물의 수직을 이루는 뼈대. 슬래브에서 비롯된 하중이든 지붕에서 내려오는 하중이든, 기둥은 이를 받아 기초와 지반으로 전달하는 유통망 역할을 한다. 벽식 구조의 사례처럼 기둥이 생략되는 경우도 있지만, 철골구조에서 기둥은 필수적인 요소다.

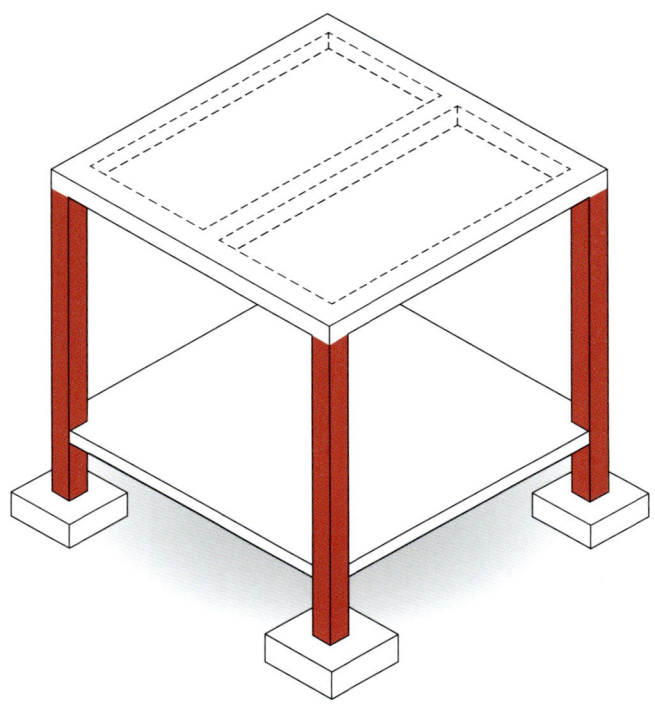

슬래브 — 보 — 기둥 — 기초 — 지반

Tip	'기둥'은 하나인데 모습은 여러 개
건축물과 관련된 영문 자료를 참고하다 보면 '기둥'을 뜻하는 표현을 여럿 발견할 수 있다. 우리말로는 모두 '기둥'이라 번역되지만, 각 표현이 가리키는 모습은 사실 많이 다르다.	
post	울타리의 기둥이나 지붕 없는 작은 건물의 기둥을 가리킬 때 쓰인다.
column	건축물을 구성하는 수직 요소로서의 기둥이다. 지붕, 슬래브, 보 등에서부터 비롯된 하중을 부담하는, 바로 그 기둥이다.
pillar	대칭을 만들기 위해 쓰이거나 장식적인 요소로서 활용되는 기둥을 가리킨다. 이외에 문학적으로도 쓰인다.
pier	구조물의 수직 요소로서의 기둥이지만 일반적으로 다리 bridge를 받치는 기둥을 가리키며, column보다는 좁은 의미를 지닌다. 아치형 구조의 양쪽 기둥을 가리키기도 한다.
pilaster	벽을 포함하는 기둥이다.

기둥과 관련된 요소

가새 brace

가새는 서로 다른 부재의 상하부를 연결해 골조가 변형되지 않도록 하는 보강재다. 수평 방향(바닥면과 평행)이나 수직 방향으로 설치될 수 있으며, 현장에서는 영문 표현 그대로 '브레이스'라고 부르는 경우도 많다.

가새를 이해하기 위해 알아두면 좋은 두 가지 기본 용어가 있다. 인장력tensile force과 압축력compressive force이다. 이 둘은 서로 반대되는 개념이다. 인장력은 물체를 당기거나 늘이는 힘, 압축력은 누르는 힘이다. 이때, 인장력을 받는 가새는 인장가새, 압축력을 받는 가새는 압축가새라 한다.

주각 柱脚

주각은 기둥의 맨 아랫부분, 즉 기둥의 뿌리에 해당한다. 일반적으로는 이 부분 전체를 아우르는 용어로 '주각부柱脚部'라 불린다. 이를 이해하려면 먼저 응력stress, 應力의 개념을 이해해야 한다. 응력은 외부 힘에 저항해 물체 내부에서 발생하는 힘, 즉 내력內力을 의미한다. 구조 부재가 외력을 받을 때 내부에서 전단력, 휨모멘트, 축력3)과 같은 부재응력axial force of member, 部材應力이 발생한다. 주각부는 이 세 가지 힘이 집중되는 지점이며, 이를 기초로 안전하게 전달하는 역할을 한다.

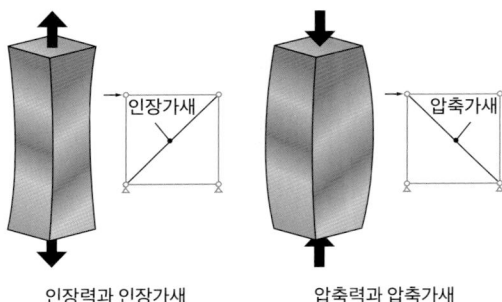

인장력과 인장가새 / 압축력과 압축가새

Tip	건축에서 자주 언급되는 구조의 종류

재료를 불문하고 건축에서 많이 언급되는 구조를 간단하게나마 짚어본다면 건축물을 잘 이해할 수 있을 것이다. 아래에 소개된 세 가지 외에 트러스구조도 빼놓을 수 없지만, 그에 대한 설명은 p.30에서 상세히 제공하고 있으니 여기서는 생략하도록 한다.

라멘 구조 rigid frame	브레이스 구조 braced frame	벽식 구조 bearing wall structure
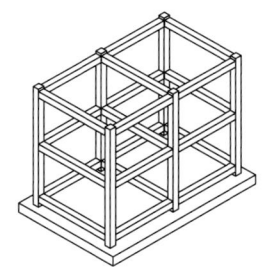	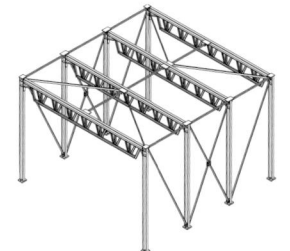	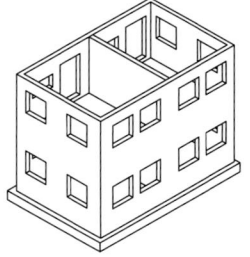
기둥과 보로 구성된 구조로, 그 형태 그대로 '기둥-보 구조'라고도 한다. 라멘은 '골조'를 뜻하는 독일어 Rahmen을 어원으로 한다.	라멘 구조에 대각선 가새가 추가된 구조다. 비교적 견고하며, 지진력이나 풍압력 등에 저항한다.	보나 기둥을 두지 않은 채 벽체와 슬래브로만 이루어진 구조로, 국내 아파트 시공 과정에서 자주 쓰인다. 철골만으로는 구현할 수 없다. 만약 철골로 구현하려면 'ALCAutoclaved Lightweight Concrete, 경량 기포 콘크리트 블록'을 활용해야 한다.

기초 foundation, footing, 基礎

기둥을 타고 내려온 힘이 지반으로 온전히 전해지려면 기초가 단단히 자리해야 한다. 기초란 상부 구조물의 하중을 지반에 전달해서 구조물의 안정성, 사용성, 기능성을 유지시키는 하부 구조물을 뜻한다. 기초가 설계될 때에는 각종 자연재해에 대해 안전해야 한다. 아울러, 지표 침식이나 세굴, 굴착 등처럼 지반 조건이 변화할 것을 고려해서 최소 1m 이상의 깊이를 가져야 한다.

기초는 형식에 따라 크게 얕은 기초 shallow foundation와 깊은 기초 deep foundation로 나뉜다. 얕은 기초란 상부 구조물의 하중을 기초저면을 통해 지반에 직접 전달하는 형식이다. 지표면에서부터 기초 바닥까지의 깊이가 기초 바닥면의 너비에 비해 크지 않다. 반면, 깊은 기초는 기초가 지지하는 구조물의 저면으로부터 구조물을 지지하는 지지층까지의 깊이가 기초의 최소 폭에 비해 큰 형식을 뜻한다.

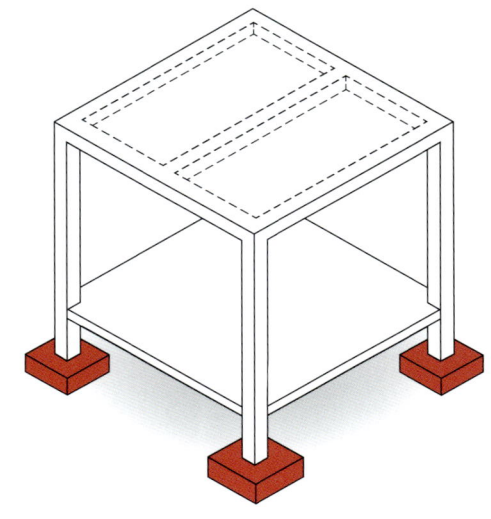

슬래브 — 보 — 기둥 — 기초 — 지반

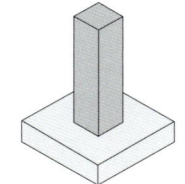

독립기초
independent footing, isolated footing

하나의 기둥만을 단독으로 받치는 기초

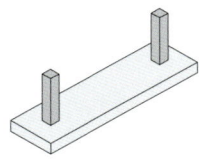

복합기초
combined footing

하나의 기초가 둘 이상의 기둥을 지지하는 기초

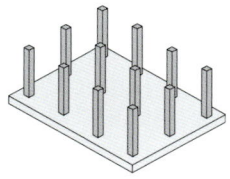

온통기초
mat foundation, raft foundation

건축물의 전체 바닥면 또는 그 이상으로 넓은 영역에 걸쳐 기초 슬래브를 두는 기초. 건축물의 밑바닥 전부를 두꺼운 기초판으로 구성하는 식이다. 하중에 비해 지내력4)이 적을 때 쓰인다.

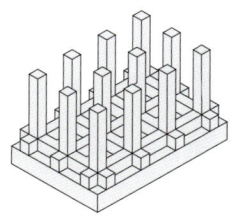

연속기초
continuous footing

벽이나 기둥을 연속적으로 지지하는 기초

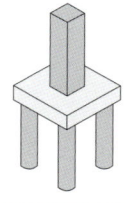

말뚝기초
pile foundation

깊은 기초의 대표적인 예로, 말뚝을 땅 속에 삽입해 하중을 지반 속 깊은 곳의 지지층까지 전달한다.

지반

건축물의 지하 기초를 지지하는 부분으로, 암반과 토양 중에서는 토양에 해당한다. 대지 내부에서 건축물의 기초 부분을 설치하는 곳이기도 하다.

기초 및 지반과 관련된 요소

기초보 tie beam
기초와 기초를 연결하며 땅 속에 시공되는 요소로, 바닥을 지지하며 기초를 고정시킨다. '지중보地中梁', '연결보'라고도 한다.

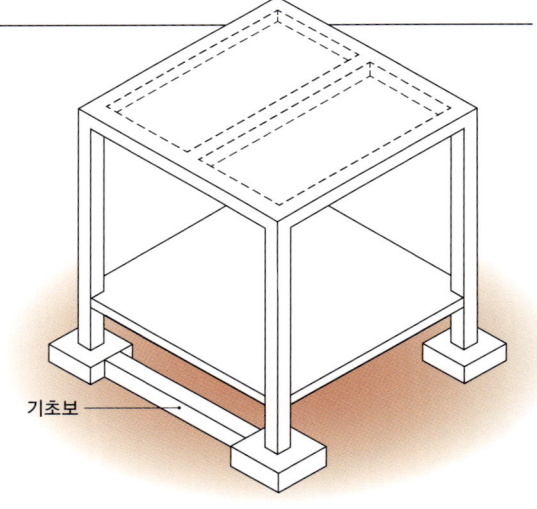

슬래브 — 보 — 기둥 — 기초 — **지반**

---

1) **전단력** shear force, 剪斷力: 부재를 그 축과 수직인 방향으로 절단하려는 힘
2) **휨모멘트** bending moment: 부재를 휘게 하는 힘
3) **축력** axial force, 軸力: 부재의 축 방향으로 작용하는 압축력 또는 인장력. '축방향력'이라고도 한다.
4) **지내력** bearing power of soil, 地耐力: 지반이 구조물의 압력을 견디는 정도

부재:
철골구조를 실현하는 구체적인 재료들

철골구조의 설계에서 부재에 대한 이해는 접합부 디테일의 완성도와 직결되며 실제 공간의 크기와 형태에도 직접적인 영향을 미친다. 공간을 구현하는 과정에서 부재의 성격과 역할을 정확히 파악하는 것은 설계의 완성도를 높이는 기본이다. 이 글에서는 철골구조를 구성하는 주요 부재를 재료적 측면에서 살펴보고, 각 부재가 어떻게 활용되는지 알아본다.

-

에디터 **구자영**

들어가기 전, 빈출 단어 알아보기 ①
인장강도, 항복강도, 압축강도

건축물은 다양한 힘을 견뎌야 한다. 인장강도는 재료를 양쪽으로 잡아당길 때 끊어지지 않고 버티는 힘을 말한다. 항복강도는 재료가 힘을 받아도 원래대로 돌아가지 않고 영구적으로 변형되기 시작하는 지점을 가리킨다. 한편, 압축강도는 위에서 짓누르는 힘에 찌그러지지 않고 견디는 능력이다. 인장강도와 압축강도가 재료가 버틸 수 있는 힘을 나타낸다면, 항복강도는 재료의 상태가 변하는 순간을 나타낸다. 마치 우리가 달리기를 하다가 힘이 부쳐서 걷기 시작하는 지점처럼 말이다.

들어가기 전, 빈출 단어 알아보기 ②
철강, 철, 강, 주철, 주강, 철재, 강재

철강, 철, 강
철강은 철과 강을 아우르는 용어다. 철iron은 힘을 가하면 변형이 일어나지만 쉽게 부러지지 않는다. 강steel은 '강철'이라고도 불린다. 단단하지만 힘을 받으면 부러질 수 있다. 탄소 함량이 1.7% 이상이면 철, 그 미만이면 강이다.

주철, 주강
주철cast iron은 탄소 함량이 2% 이상으로, 강도와 내구성이 중요한 부품에 주로 쓰인다. 이에 반해 주강cast steel은 탄소 함량이 0.1~0.5% 수준으로, 인장강도가 높고 용접이 가능하기 때문에 정밀도와 가공성이 중요한 부품에 적합하다.

철재, 강재
철재와 강재는 서로 다른 개념이긴 하지만 실무에서는 이 둘을 딱히 구분하지 않으며 '강재'라는 표현을 더 많이 쓴다. 철재는 쇠로 된 공업용 재료를 총칭할 때 쓰이는 한편, 철골구조 부재 등 실제 건축자재 명칭에는 강재가 사용된다.

강재

탄소 함량에 따라 성질이 달라지는 철골구조의 핵심 부재다. 한국산업표준 규격(이하 KS 규격)에서 규정하는 강재는 크게 구조용 강재와 접합재료로 나눌 수 있다. 이외에도 제조 방식과 원료에 따라 다양한 강재가 존재한다. 전기로에서 용제한 전로강electric furnace steel, 고로에서 환원 용해시켜 얻은 선철을 원료로 하는 고로강steel products used blast furnace iron 그리고 탄소가 함유된 강재로 낮은 가격대와 우수한 기계적 성질을 지닌 탄소강carbon steel, mild steel 등이 대표적이다.

Tip | KS 규격 이해하기

강재를 포함한 구조용 자재는 발주처에서 특정 규격을 지정하는 경우가 많다. 예를 들어 'KS D 3503 SS275 강재를 사용할 것'과 같이 명시하는 식이다. 이는 강재가 사용되는 부위와 목적에 따라 요구되는 설계 허용 강도가 달라지기 때문이다. KS 규격은 재료의 종류, 기계적 성질, 용도 등에 따라 세분화되어 있으며 표기 자체에 이러한 차이가 반영된다.

SS 275

강재의 명칭을 가리키는 기호
SS 일반 구조용 압연 강재
SM 용접 구조용 압연 강재
SMA 용접 구조용 내후성 열간 압연 강재
SN 건축 구조용 압연 강재
SHN 건축 구조용 열간 압연 형강
HSA 건축 구조용 고성능 압연 강재
FR 건축 구조용 내화 강재
SRT 일반 구조용 각형 강관

강재의 항복강도를 나타내는 숫자
2017년까지는 인장강도를 표기했으나, 2018년부터 항복강도를 표기하게끔 바뀌었다. 이는 우리나라만의 규격을 활용함으로써 국내시장을 보호하기 위한 일련의 시도라고 할 수 있다. 관련 논의는 『GARM 07 철재』 p.31의 '유통과 향후 시장 전망' 단락에서 확인 가능하다.

형강 shape steel, section shape steel, 形鋼

형강은 단면이 일정한 모양을 가진 압연 강철재를 지칭하는 용어로, 단면의 형태에 따라 종류와 명칭이 다시 세분화된다. 각기 다른 단면은 구조적 성능과 사용 부위에 따라 선택된다. 형강의 제조 과정과 세부적인 설명은 『GARM 07 철재』 p.36에서 보다 상세히 확인할 수 있다.

들어가기 전, 빈출 단어 알아보기 ③
형강의 두 요소: 웹, 플랜지

웹web은 형강의 중앙에 자리한 수직적 요소로, 상하부를 연결하며 전단력과 압축력을 주로 담당한다. 플랜지flange는 형강의 상단과 하단에 있는 평평한 부분으로, 휨모멘트에 저항하는 역할을 한다. 플랜지가 결합된 단면 형상은 구조적 강성과 효율성을 높이기 위해 설계된 것이다.

1) H형강 H-Beam / I형강 I-Beam / T형강 T-Beam

H형강과 I형강의 생김새는 언뜻 닮아 보이지만, 자세히 보면 결국 다르다. 특히, H형강 중에서도 플랜지와 웹의 길이가 서로 다른 경우일 때 I형강과 혼동하기 쉽다. 가장 큰 구분점은 플랜지의 안쪽 면 처리 방식이다. I형강의 플랜지 안쪽 면은 경사져 있는 반면, H형강은 그렇지 않다. 쓰임새 또한 사뭇 다르다. I형강은 H형강에 비해 가볍고 인장에 강하지만, 비틀림에 약하다. 한편, H형강은 I형강에 비해 강하며 용접이 간단하고, 대형 구조물의 골조에 활용된다. 또한 하부 플랜지가 없는 I형강은 그 모습을 본따 T형강이라 불린다. 경우에 따라 'T바 T-bar'라고도 한다. 구조적으로 인장강도가 상대적으로 약해 보완적 부재로 사용되는 경우가 많다.

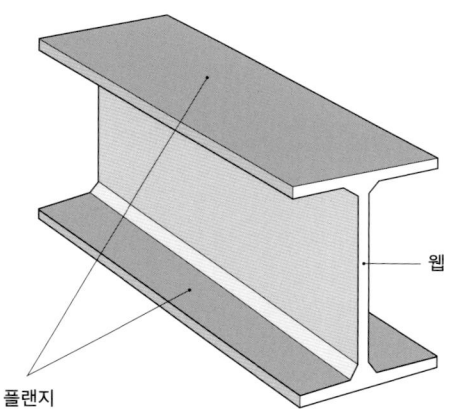

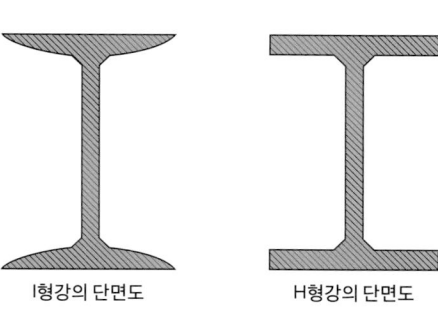

I형강의 단면도   H형강의 단면도

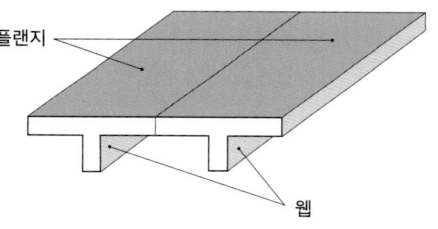

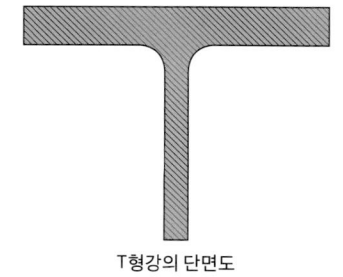

T형강의 단면도

2) ㄷ형강 channel / C형강

ㄷ형강은 현장에서 '찬넬' 또는 '잔넬'로 불린다. C형강은 '리프 rip ㄷ형강'이라고도 하며 형강 단면 끝이 살짝 구부러진 채 잘린 형태를 보인다. 이 리프 형강은 국부좌굴을 막고 단면 형상을 안정적으로 유지하는 역할을 한다.
두 형강 모두 KS D 3503에 포함되지만, ㄷ형강은 일반 구조용 압연 강재로 분류되고 C형강은 일반 구조용 경량 형강으로 분류된다.

3) ㄱ형강 / L형강

단면이 등변인지 부등변인지에 따라 구분된다. ㄱ형강은 등변 ㄱ형강 equal angle, L형강은 부등변 ㄱ형강 unequal angle으로 분류한다. 현장에서는 흔히 '앵글'이라고 부른다. 수평과 수직 방향의 힘을 효율적으로 지지할 수 있으며, 비교적 가볍고 운반이 용이하다.

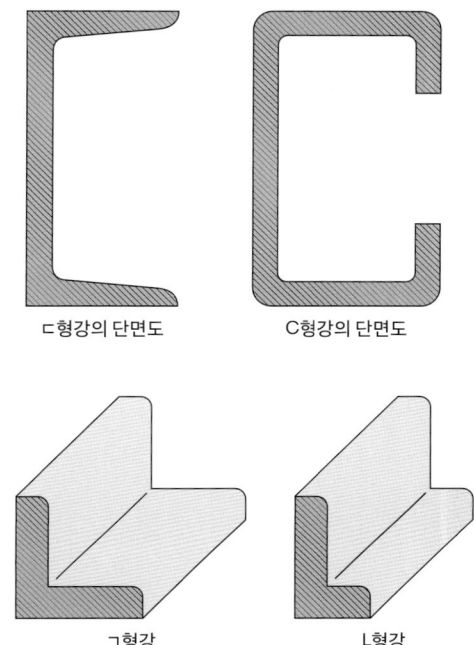

ㄷ형강의 단면도   C형강의 단면도

ㄱ형강   L형강

강관

높은 강도를 가지며 단면의 역학적 방향성이 없는 것이 특징이다. 단면 형태와 용도에 따라 크게 각형 강관과 원형 강관의 두 가지로 나뉜다. 각형 강관은 각관, 각파이프로도 불린다. 일반 구조용 각형 강관, 내진 건축 구조용 각형 강관, 건축 구조용 각형 강관이 있다. 한편, 원형 강관은 원형 파이프라고도 불린다. 구조적 효율성이 높아 교량이나 대공간 건축물, 가설 구조물 등 다양한 곳에서 사용된다.

데크 플레이트 deck plate

구조물의 바닥재로 사용되는 판으로, 강판을 구부려 만든다. 평평했던 판을 구부리면 굴곡이 생기면서 구조적 강성 및 하중 지지 능력이 향상된다. KS D 3602에 따라 아연도금 강판이나 일반 구조용 강판 또는 내후성 압연 강판으로 제조되어야 한다. 철골구조 외에 콘크리트 타설 시 거푸집 대용으로도 쓰이는데, 이 경우에는 단면 모양에 따라 '골형 데크 플레이트'와 '평형 데크 플레이트'로 나뉜다.

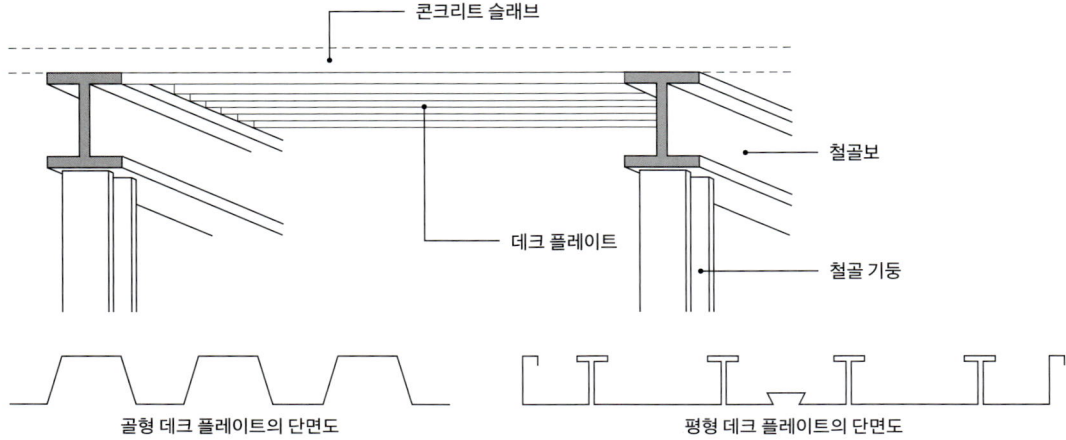

베이스 플레이트 base plate

기둥을 주각 상부에 고정하기 위해 사용하는 강판으로, 기둥 하중을 기초로 전달하는 역할을 한다. 보통 앵커볼트를 통해 주각과 연결되며, 기둥과 기초 사이의 접합 안정성을 확보한다.

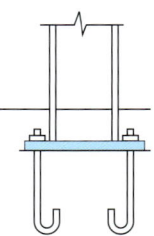

거셋 플레이트 gusset plate

여러 부재를 서로 연결하기 위해 접합부에 쓰이는 철판이다. 기둥과 보만 연결하는 것이 아니라 브레이싱 결합처럼 다양한 접합부에 사용된다. 현장에서는 '거싯 플레이트', '가젯 플레이트'라고 부르기도 한다.

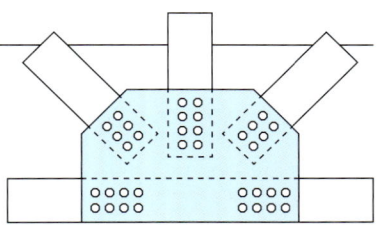

스플라이스 플레이트 splice plate

두 개 이상의 구조 부재(주로 보나 기둥)를 연결해 더 길고 연속적인 부재를 형성하기 위해 사용하는 철판으로, '이음철판'으로도 불린다. 부재를 표준 길이 이상으로 연장해야 하거나, 운송 및 취급의 한계로 인해 짧은 섹션을 연결하는 과정에서 구조적 안정성을 유지하는 데 꼭 필요하다. 볼트나 용접으로 연결될 수 있으며, 연결된 부재가 단일하고 연속적인 단위로 기능하도록 한다.

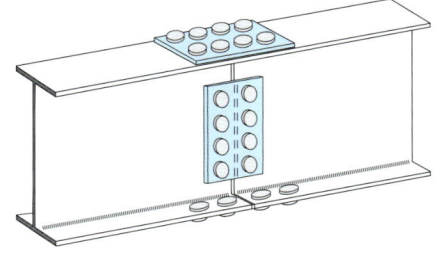

스티프너 stiffner

형강에 가해지는 하중을 분산시킴으로써 좌굴을 방지하는 보강 부재. 여기서 좌굴이란, 길고 가느다란 부재나 얇은 판에 전단력과 압축력이 가해져 휘거나 주름이 생기는 현상을 가리킨다. 웹을 중심으로 양쪽이 대칭이 되도록 설치한다..

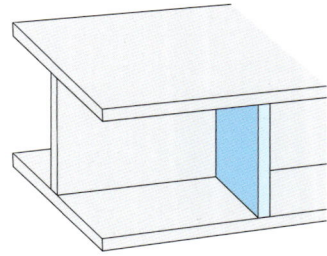

기초볼트 foundation bolt

기초 상부에 수평 또는 수직재를 결합하기 위해 사용하는 볼트. KS B 1016에 규정되어 있으며, 모양에 따라 L형, J형, LA형, JA형으로 구분된다.

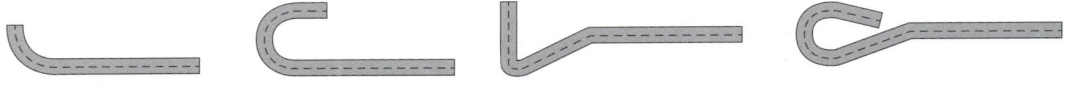

(왼쪽부터) L형, J형, LA형, JA형 기초볼트의 단면도

앵커볼트 anchor bolt

'닻'을 뜻하는 영어 '앵커anchor'에서 유래한 용어로, 구조 부재를 단단히 고정시키는 매입식 볼트다. 현장에서는 '앙카볼트'라고도 불린다. 특정 부위에만 사용되는 게 아니라 기초 공사 전반에 쓰인다. 주각부나 지붕보 트러스의 이동을 방지하기도 하고, 콘크리트 기초와 상부 구조물을 견고하게 연결하기도 한다.

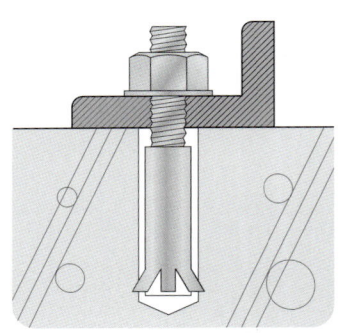

세트앵커
앵커볼트 중에서 가장 일반적으로 쓰인다. 구조물을 콘크리트 바닥이나 벽에 고정할 때 쓰이는 경우가 많다.

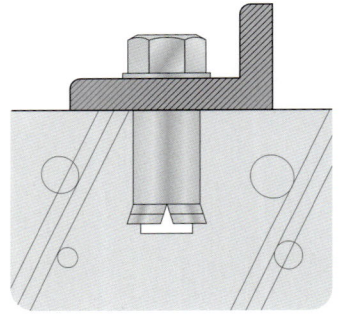

스트롱앵커
천장 배관 공사나 냉난방 공사처럼 구조물을 매달아야 할 때 주로 쓰인다.

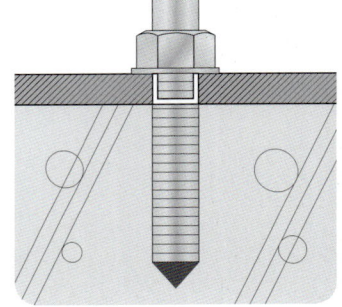

케미컬앵커
수지 접착제로 볼트를 고정시키는 방식으로, 방수가 필요한 구조물에 특히 효과적이다.

Connection

연결:
이음과 접합

철골구조의 심미성과 안전, 성능은 부재와 부재를 어떻게 잇고 접합하느냐에 달려있다. 즉, 이음과 접합은 단순한 연결이 아니라 구조물의 정밀도와 수명에 결정적인 영향을 미친다. 특히, 철골구조는 공장 제작과 현장 작업이 분리되어 있는 만큼, 이음과 접합은 설계자의 의도와 시공자의 기술이 만나는 민감한 접점이 된다. 본 장에서는 철골 구조물의 기본 연결 방식인 이음과 접합의 개념을 구분하고 실제 건축 현장에서 사용되는 다양한 공법과 그 구조적 의미를 살펴본다.

에디터 김현경

철골구조의 기본 연결: 이음과 접합

건축 구조에서 '이음'과 '접합'은 종종 같은 의미로 혼용되지만, 구조공학적으로는 명확히 구분된다. 이음은 기둥과 보, 부재가 만나는 지점이나 형태를 의미하고, 접합은 그 부재들이 서로 하중을 어떻게 주고받을지 결정짓는 것을 말한다.

이음

부재가 만나는 지점

- 기둥과 기둥: 수직 연속성을 확보하는 이음으로 특히 고층 건축물에서 중요하다. 보통 슬래브 높이를 기준으로 층별로 나뉘며, 기둥의 수직축 정렬 정밀도가 중요하다.
- 기둥과 보: 구조물의 주 하중 전달 경로에서 가장 핵심적이다. 하중뿐 아니라 모멘트, 횡력도 함께 전달되므로 접합 방식의 선택이 구조시스템을 결정짓는다.
- 보와 보: 긴 보 부재를 나누어 제작할 때 생기는 이음으로 흔히 스플라이스 플레이트[1])를 사용해 연속성을 부여한다.

부재가 만나는 형태

- 맞댐 이음 butt joint: 부재를 평면상에서 일직선으로 맞대어 연결하는 방식이다. 주로 용접 접합에 활용되며 강한 일체감과 미려한 단면이 필요할 때 사용된다. 기둥 간 수직 이음이나 보의 연속성 확보에 적합하다.
- 겹침 이음 lap joint: 두 부재를 일정 길이만큼 겹쳐서 연결하는 방식으로 연결 길이와 볼트 수가 접합 성능을 결정한다. 상대적으로 시공이 간편하며, 보-보 접합 또는 가새 부재에서 자주 사용된다.
- 형성 이음 shaped joint: 단면을 가공하거나 커넥터를 삽입해 물리적 결합을 유도하는 방식으로, 모듈러 건축에서 자주 등장한다.

접합

철골구조에서 접합은 단순한 연결이 아니다. 하중의 흐름을 설계하고 구조의 안정성을 담보하며 심미성을 구현하는 과정이다. 접합 방식의 선택은 단순히 구조 계산만으로 결정되지 않는다. 시공성, 경제성, 유지관리의 용이성 그리고 외관 디테일까지 종합적으로 고려된다. 철골 부재가 어떻게 연결되었는지를 살펴보면 그 건물이 어떤 하중을 견디고, 어떤 현장 조건을 고려했는지, 어떤 표현을 하고자 했는지가 드러난다. 접합은 리벳 접합, 볼트 접합, 용접 접합 세 가지로 분류할 수 있다. 볼트나 못 등에 의한 접합을 '기계적 접합'이라 하고, 접착제에 의한 접합을 '화학적 접합'이라 한다. 오늘날 철골구조에서 가장 널리 사용되는 접합 방식은 볼트와 용접이다.

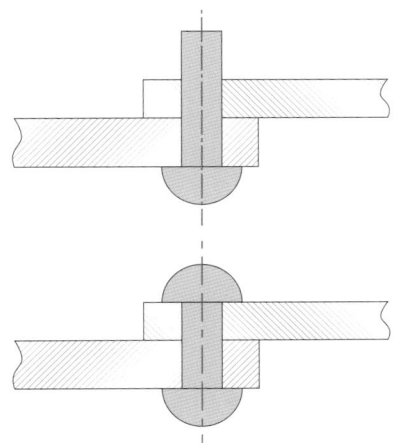

리벳 접합 riveted connection

리벳은 원통형 몸통과 성형된 머리로 구성되는 전통적인 강철 이음재다. 결합할 부재 사이에 구멍을 뚫고, 그 안에 리벳을 삽입한 뒤 공압식 망치 등으로 반대편에 머리를 성형해 고정한다. 리벳이 식으면서 수축되고, 그 응력으로 부재들을 강하게 조여 단단한 이음을 형성한다. 리벳은 수십 년 동안 철골구조 건물에서 독보적인 이음 기법으로 사용됐으나, 현대에 들어서는 노동력을 절감할 수 있는 볼트와 용접 기술에 그 자리를 내어주고 있다.

볼트 접합 bolted connection

현대 철골구조에서 가장 보편적으로 사용되는 방식이다. 판재 양쪽에 구멍을 뚫고, 볼트를 관통시켜 볼트 머리와 너트 밑에 와셔를 넣어 너트를 렌치로 체결하는 접합법이다. 현대에 들어서는 거의 예외 없이 고장력 볼트를 사용하고 있다. 볼트 접합의 경우 시공이 빠르고 해체가 가능하며 품질 안정성이 뛰어나다는 장점이 있는 반면, 접합부가 두꺼워지는 단점이 있다.

· 지압 접합 bearing type connection

지압 접합은 볼트 접합의 가장 흔한 방식으로 볼트가 전단력을 직접 받아내고, 동시에 철판이 눌리면서 하중을 전달하는 방식이다. 시공이 간단하고 비용이 적게 들어 일반적인 건물에서 가장 널리 사용된다. 다만 구멍과 볼트 사이에서 미끄럼이 발생할 수 있는 만큼 설계 시 충분한 가장자리 거리와 간격 확보가 필요하다.

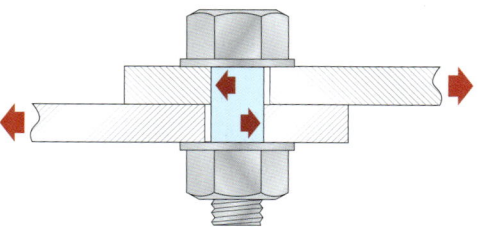

· 마찰 접합 friction type connection

마찰 접합은 볼트를 강하게 조여 축력을 만들고, 그 힘으로 생긴 압착력과 마찰력이 하중을 지탱한다. 미끄럼이 구조적으로 치명적인 교량이나 고층 건물의 가새, 반복하중을 받는 구조물에서 주로 쓰인다. 이 방식은 표면 상태에 따라 성능이 크게 달라진다. 블라스팅[2] 처리로 거칠게 만든 강판은 높은 마찰력을 내지만, 도금 표면은 마찰력이 낮아 구조적 검토가 필요하다.

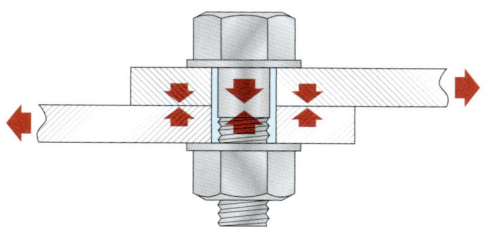

· 인장 접합 axial tension connection

외부 하중이 볼트축 방향으로 직접 작용하는 접합 방식이다. 볼트가 늘어나면서 인장력 자체로 하중을 지탱한다. 볼트 체결 시 초기 축력을 받고 있으며, 외부 인장하중이 더해져 작용한다. 트러스나 가새 접합부 등과 같이 인장력이 발생하는 곳에서 사용된다.

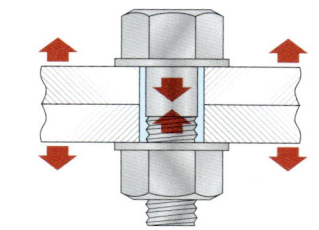

용접 접합 welded connection

용접은 금속과 금속을 융합해 하나의 재료처럼 일체화하는 접합 방식이다. 볼트 접합보다 얇고 매끄러운 단면을 형성할 수 있어 형상의 자유도가 높다. 또한, 부재 간 연결의 연속성을 확보할 수 있어 고강도 구조 설계에 유리하다. 하지만 현장 조건에 따라 품질 차이가 나타날 수 있으며 높은 숙련도가 필요하다. 시공 후에는 비파괴검사 등 품질 확인 절차가 반드시 요구된다.

· 서브머지드 아크 용접 SAW: Submerged Arc Welding

공장 제작에서 주로 사용되는 자동 용접 방식이다. 강판, H형강 등의 플랜지와 웹을 고속으로 정밀하게 용접할 때 사용된다. 아크와 용융 금속 플럭스[3]라는 분말 재료로 덮인 채 용접이 이루어져, 공기와 차단된 상태에서 고온 아크가 형성된다. 빠른 속도로 균일한 품질을 확보할 수 있어 자동화가 용이하고 대량 생산에 적합하지만, 수평면 작업에만 적용 가능하며 수직이나 복잡한 형상의 현장 용접에는 부적합하다. 또한, 고가의 설비가 요구된다.

· 피복 아크 용접 SMAW: Shielded Metal Arc Welding

현장 용접의 기본이 되는 공법이다. 하나의 금속 봉이 전극 역할을 하며, 전기 아크로 녹아 모재와 융합된다. 용접봉 외부에 피복제가 감싸져 있고, 아크 발생 시 이 피복제가 기체를 생성해 산화를 방지한다. 동시에 슬래그[4]가 형성돼 냉각 후 제거해야 한다. 단순한 장비로 어디서든 사용할 수 있으며 다양한 자세와 현장에서의 시공이 가능하다. 반면 작업자의 숙련도에 따라 품질 편차가 크고, 속도는 비교적 느리며 작업 후 슬래그 제거 공정이 필수적이다. 숙련과 정성, 반복을 전제로 하는 수공예 용접이다.

· 플럭스코어드 아크 용접 FCAW: Flux-Cored Arc Welding

현장에서 피복 아크 용접을 대체할 수 있는 반자동 또는 자동 용접 방식으로 널리 사용된다. 'CO_2 반자동 용접'으로도 불리며, 내부에 플럭스를 포함한 연속 와이어를 자동 공급하여 용접을 수행한다. 이때 와이어 내부의 플럭스와 외부 차폐 가스가 동시에 작용해 용융부를 보호하고, 깊은 용입[5]과 안정적인 접합을 가능하게 한다. 피복 아크 용접에 비해 속도가 빠르고 스패터[6]가 적으며, 슬래그 제거도 상대적으로 간편하다. 다만 외부 기류에 민감해 바람이 강한 환경에서는 방풍막 설치가 필수이며, 플럭스 내부의 습기로 인한 용접 결함에 주의해야 한다.

용접의 종류

· 맞댐 용접 groove weld

접합재의 끝을 적당한 모양 또는 각도로 가공하여 용접살을 개선부에 채워 접합하는 용접 방법으로, 용접 덧살이 응력을 전달하는 역할을 한다. 용접 덧살의 형상, 모재의 관리가 중요하며, 접합되는 부재는 개선부에 용입된 용접부에 의해 일체화 되어 부재의 접합에 사용된다. 또, 모재 단면의 용접 정도에 따라 완전용입 용접과 부분용입 용접으로 구분된다.

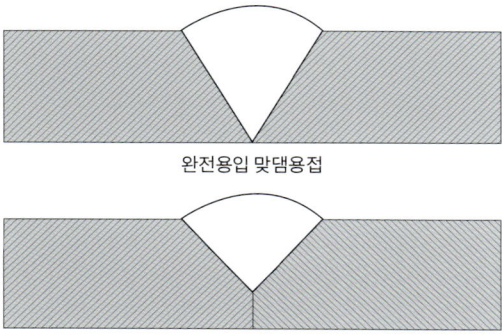

완전용입 맞댐용접

부분용입 맞댐용접

· 필렛 용접 fillet weld

형강 또는 판 등의 겹침 이음, T형 이음, 각이음 등 부재의 교차선을 따라 용접살을 덧붙여 용접하는 방법이다. 응력 전달이 용착 금속에 의해 이루어져 용접살의 목두께 관리가 중요하다. 사전에 모재에 개선 작업을 하지 않고 용접할 수 있다.

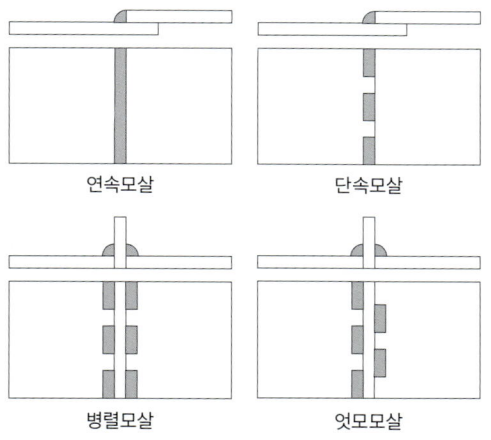

연속모살 / 단속모살 / 병렬모살 / 엇모모살

Tip	용접 접합 시 주의 사항

용접할 모재의 표면은 녹, 슬래그, 기름, 수분 등의 불순물을 제거해 균열, 용입 불량, 슬래그 혼입 등으로 이음부 성능을 손상시키는 유해한 결함을 없애야 한다. 부재의 조립 및 용접의 순서는 용접 변형이 최소가 되도록 해야 하며, 개선이 있는 용접의 양쪽 끝에는 완전한 용접이 될 수 있도록 엔드탭[7)]을 이용한다. 용착 금속의 충분한 용입을 확보하기 위해 뒷댐재를 이용해야 한다. 예열이 필요한 경우 판 두께, 이음부의 구속도 등을 고려해 실시해야 하며, -5℃ 이하의 기온에서 용접해서는 안 되고, 바람이 강한 날은 바람막이를 설치한 후 용접해야 한다.

용접 홈 이음부 명칭

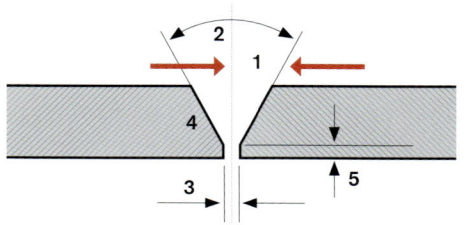

1. 베벨각 bevel angle: 부재 끝단을 비스듬히 절삭했을 때 형성되는 각도
2. 개선각 groove angle: 두 부재를 맞댔을 때 양쪽 베벨면이 이루는 전체 각도
3. 루트 간격 root opening: 두 부재 끝단 사이에 남겨둔 틈새의 크기
4. 개선면 groove face: 용접을 위해 가공된 부재 끝단의 경사면 또는 곡면
5. 루트면 root face: 개선면 하단부에 있는 작은 평면부로, 용입 깊이를 조절한다.

명칭	용접 모양	기호
평형(I형) 맞대기 용접		‖
V형 맞대기 용접		V
일면 개선형 맞대기 용접		V
넓은 루트면이 있는 V형 맞대기 용접		Y
넓은 루트면이 있는 한 면 개선형 맞대기 용접		Y

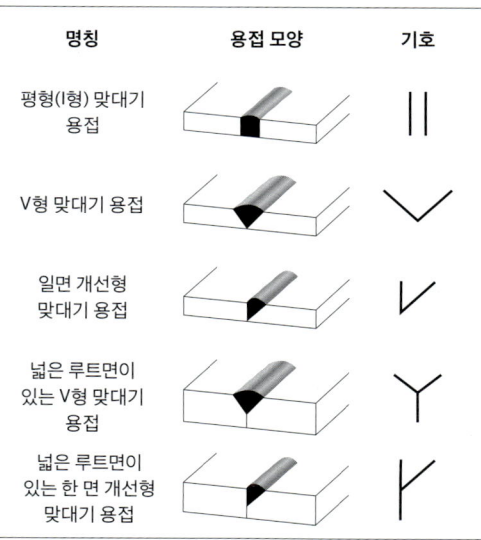

용접 하자의 종류

용접 하자는 구조 안정성과 직결된다. 국내 시공지침은 특정 기준 이상의 강재에는 예열을 의무화하고 있으며, 특히 25m 이상에서는 100°C 이상의 예열이 권장된다. 접합 방식 자체보다 중요한 것은 시공 품질로, 특히 용접은 다음과 같은 하자 발생 가능성이 높다.

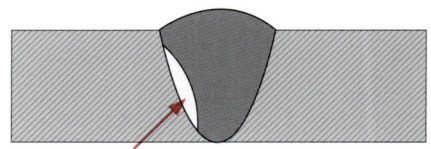

용입 불량

· **용입 불량, 용입 부족**
주로 전류가 낮거나 용접 속도가 지나치게 빠를 때 발생한다. 용접 금속이 모재에 충분히 녹아들지 않아 결합력이 떨어진다. 이를 예방하기 위해 전류를 적절히 세팅하고 접합면을 충분히 연마하는 작업이 필요하다.

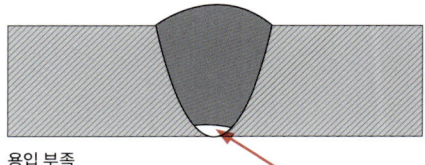

용입 부족

· **슬래그 혼입**
용접 후 슬래그를 충분히 제거하지 않거나 다층 용접 중 각 층 사이의 관리가 미흡할 때 발생한다. 이는 용접부 내부에 불순물이 남아 강도를 저하시키는 원인이 된다. 따라서 용접을 여러 번 나눠서 할 경우, 한 번 용접할 때마다 생기는 슬래그를 깨끗이 제거하고 다음 용접을 진행해야 한다.

슬래그 혼입

· **균열**
보통 용접 후 급격한 냉각이나 수소가 침투해 금속을 약하게 만들 때에 자주 발생한다. 이를 방지하기 위해서는 예열 및 후열을 통해 냉각 속도를 조절하고, 저수소계 용접봉을 사용하는 것이 효과적이다.

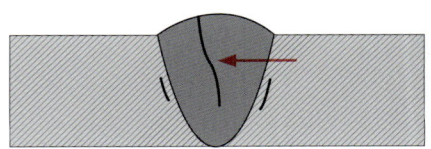

균열

· **언더컷**
아크 길이가 과도하게 길어질 때 모재가 녹아내리면서 생기는 결함이다. 이는 모서리 부분의 강도를 떨어트릴 수 있는 만큼 필요한 경우 재용접을 통해 보완해야 한다.

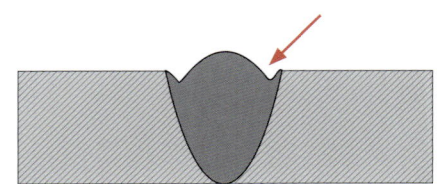

언더컷

---

1) 스플라이스 플레이트splice plate: 두 개의 철골 부재를 이어 붙일 때 사용하는 연결용 강판 (p.42 참고)
2) 블라스팅blasting: 강재 표면에 고속으로 연마재를 분사해 불순물이나 녹, 용접 슬래그, 기름 등을 제거하고 표면을 거칠게 만드는 공정
3) 플럭스flux: 용접, 납땜, 주조 등에서 금속 표면의 산화 방지, 산화물 제거, 접합성 향상을 위해 사용하는 화학 물질 또는 혼합물
4) 슬래그slag: 금속이 녹는 과정에서 생기는 산화물, 불순물, 플럭스 잔여물이 식으면서 굳은 덩어리
5) 용입熔入: 기존 금속과 용접 금속이 서로 충분히 녹아들어 결합되는 깊이 또는 그 상태를 말한다. 용입이 부족하면 용접부 강도가 약해져 하자가 발생할 수 있으며, 반대로 너무 깊은 용입은 모재를 손상시킬 수 있다.
6) 스패터spatter: 용접 중 용융 금속이 작은 방울 형태로 튀어 주변으로 달라붙는 현상 또는 튄 금속 입자 자체를 말한다.
7) 엔드탭End Tap: 용접부의 시작점과 끝단에 부착하는 작은 금속판을 말한다. 끝단에서 발생하기 쉬운 하자를 방지하기 위해 사용되며, 용접 후 제거하는 것이 일반적이다.

제작:
공장에서 현장까지

철골구조는 현장이 아닌 공장에서 시작된다. 현장은 운송된 철골을 조립하는 장소일 뿐, 구조체로 기능할 철골 부재들은 이미 가공된 상태로 대형 트레일러에 실려 현장에 도착한다. H형강, 강관 등의 철강재는 가공 공장으로 이송되어 설계 의도에 따라 절단되고, 구멍이 뚫리고, 용접되며 구조로서의 기능을 갖춰나간다. 결국 '철골구조'는 단지 철을 세우는 일이 아니라 설계에서 제작, 운반과 조립에 이르는 전체 공정이 정밀한 순서로 연결된 시스템이라 할 수 있다.

-

에디터 김현경

도면에서 시작되는 제작

모든 철골 제작은 도면에서 출발한다. 그러나 구조 설계 도면만으로는 제작할 수 없다. 구조 설계 도면은 건축물 전체의 하중, 스팬, 부재의 배치를 제시하지만, 실질적으로 가공 가능한 형태로 변환되려면 훨씬 더 세분화된 정보가 필요하다. 이 지점에서 중요한 역할을 하는 것이 바로 '제작도 shop drawing'로, 현장에서는 '샵드로잉'이라 부르기도 한다. 본 책에서는 표현의 일관성을 위해 '제작도'로 통일하여 표기한다.

설계와 제작을 잇는 지시서, 제작도

제작도는 말 그대로 제작을 위한 도면이자, 설계자와 제작자, 시공자 간의 기술을 연결하는 상세한 지시서다. 각 부재의 길이, 절단 각도, 볼트 구멍의 위치, 보강재 부착 위치, 용접 지점, 중량, 도장 사양 등 가공에 필요한 모든 정보가 포함된다. 제작도는 부재를 실제 구조로 전환시키는 공장 자동화의 핵심 입력값이기도 하다. 최근에는 BIM Building Information Modeling, 건물정보모델링 기반으로 3D 모델에서 직접 데이터를 추출해 제작도에 반영한다. 이 데이터는 절단기, 드릴링 머신 같은 공장 자동화 설비와 직접 연동되어 반복 공정의 정밀도와 효율을 극대화한다.(p.144 참고) 구조 설계와 제작, 시공이 디지털로 매끄럽게 연결되면서 철골구조는 그 어느 때보다 빠르고 정확한 공정을 가능케 하고 있다.

정밀함으로 완성되는 구조

설계 도면 위에 그려진 선 하나하나는 치밀한 순서를 따라 공장 바닥 위에 실현된다. 전체 제작은 일반적으로 '금긋기 marking → 절단 → 구멍 뚫기 → 가조립 → 본조립 → 검사 → 도장'의 순서로 진행된다. 이 일련의 과정은 하나의 구조물이 되기까지 거쳐야 하는 최소 단위이자, 철골 건축의 정확도를 결정짓는 핵심 공정이다.

    제작은 먼저 부재 확인과 함께 시작된다. 제작도에 따라 절단선, 구멍의 위치, 용접 지점 등을 표시하는 금긋기를 진행한 후, H형강이나 강관, 플레이트 등 주요 부재들은 길이로 재단되어 대형 기중기나 컨베이어를 이용해 공장으로 전달된다. 절단된 부재에는 페인트나 금긋기를 통해 어느 위치에 쓰일 재료인지 표시한다. 공정에 따라 용접이나 이음판, T형강 등의 세부 가공이 이어진다.

    가공된 부재는 가조립을 통해 각 부재의 연결 상태, 구멍 위치, 치수 정밀도를 미리 점검해 오차 여부를 검토한다. 이 결과를 바탕으로 본조립이 진행되며, 볼트 체결 또는 용접을 통해 구조체가 고정된다. 용접부는 초음파 탐상이나 방사선 검사 같은 비파괴 검사를 통해 내부 결함까지 꼼꼼하게 점검한다. 정밀도 검사 역시 핵심 과정이다. 기둥의 직각도, 보 플랜지의 뒤틀림, 허용 오차 범위 내의 미세한 치수 편차까지 확인한다. 모든 검사를 통과한 구조 부재는 녹막이칠이나 내화 성능을 위한 피복 도장 작업을 거쳐 현장으로 운반된다. 공장 가공 단계는 철골구조의 성능을 결정짓는 기술적 토대다. 이 과정에서의 정확도는 곧 건축물의 구조 안전성과 직결되며, 철골구조가 오늘날 고층 건축과 인프라의 중심 기술로 자리 잡을 수 있었던 가장 중요한 이유이기도 하다.

제작도는 철골 부재의 치수와 가공, 조립 순서를 구체적으로 지시한다.

(위에서부터)
용접, 도장, 출하

운송과 현장 반입

공장에서 정밀하게 가공된 철골 부재는 현장으로 옮겨져야 한다. 철골구조의 건축은 그때야 비로소 세워지기 시작한다. 그러나 이 단순한 문장 뒤에는 상당히 복잡하고 조율이 필요한 과정이 숨어 있다. 운송과 반입은 단순히 트럭에 실어 옮기는 작업이 아니다. 구조 안전, 시공 공정, 비용에까지 영향을 미치는 단계다. 부재는 대부분 수 미터에서 수십 미터에 이르는 길이와, 수 톤이 넘는 무게를 가지기 때문에 도로교통법과 차량 제한 규정에 맞춰야 한다. 일례로, 폭 2.5m, 높이 4m, 길이 16.7m를 초과하면 '규격 초과 화물'로 분류되어 특수차량 운송 허가나 에스코트 차량 동반, 지정 경로 및 시간대 제한 등이 반드시 필요하다. 사전에 운반 경로를 계획하고 공공기관과 협의를 마쳐야 허가가 떨어지는 구조다.

현장에 도착한 이후에도 과정은 단순하지 않다. 반입된 철골은 크레인 작업 반경, 인양 순서, 작업 층 일정 등에 맞춰 정밀하게 배치되어야 한다. 단 하나의 부재라도 순서가 어그러지면 양중 작업[1]이 지연되고 장비 교차 간섭, 인력 대기, 현장 혼선, 나아가 안전사고까지 발생할 수 있다. 특히 크레인 같은 대형 장비는 시간 단위로 비용이 발생하므로 순서가 꼬이기 시작하면 바로 공사비 상승으로 이어지게 된다. 결국, 철골의 운송과 반입은 단순한 물류가 아니라 정밀한 건축 기획의 연장선이다. 이 체계가 잘 작동해야만 속도와 안전성 그리고 경제성이라는 세 마리 토끼를 동시에 잡을 수 있다.

가설에서 기초까지

현장에 도착한 철골은 가설 작업으로 첫발을 내딛는다. 타워 크레인이나 대형 트럭 크레인이 설치되고, 고소 작업[2]을 위한 작업 발판과 안전망이 가설된다. 단순한 임시 구조물처럼 보일 수 있지만, 이는 초기 철골구조의 안정성을 확보하기 위한 필수적인 사전 작업이다. 가설이 완료되면 철골 기둥을 기초부와 연결하는 작업이 이어진다. 콘크리트 기초에는 앵커볼트가 미리 매립되어 있으며 이는 철골 기둥을 정확히 고정하는 기준점 역할을 한다. 이 기준점의 정밀도는 이후 상부 구조 전체의 수직도와 평면 위치를 결정짓는 핵심 요소가 된다. 따라서 기초 연결 작업 전에는 기준점 측량과 레벨 측정을 수차례 반복해 오차를 최소화해야 한다. 첫 번째 기둥이 콘크리트 기초 위에 세워지는 순간, 건물의 뼈대가 비로소 땅 위에 형체를 갖기 시작한다. 이 초기 세팅이 잘못되면 상부 골조 전체가 뒤틀릴 수 있는 만큼 고도의 정밀성과 경험이 요구된다. 레벨기와 토탈스테이션[3]을 동원한 반복 측정은 일반적인 확인 절차가 아닌, 전체 구조 안정성을 담보하는 가장 기초적인 기술적 장치다.

본 구조체 세우기

철골구조의 본격적인 시공은 기초 위에 첫 기둥이 세워지는 순간부터 시작된다. 일반적으로는 기둥을 세우고 보를 걸어 프레임을 닫은 뒤 데크를 올리는 순서로 공정이 이어진다. 이 모든 작업은 하나의 큰 구조를 통째로 올리는 것이 아니라 일정한 간격으로 나눈 베이bay 단위로 분절되어 수행된다. 각각의 베이는 독립된 구조 모듈로 기능하며 현장의 안정성과 효율성을 함께 고려한 시공 단위다.

콘크리트 기초에 매립된 앵커볼트

정밀도를 높이기 위해 토탈스테이션으로 반복 측정을 진행한다.

크레인으로 기둥을
세우는 모습

기둥 세우기

크레인으로 기둥을 인양해 베이스 플레이트에 안착한다. 드리프트 핀[4]으로 첫 구멍을 맞춰 위치를 고정하고 임시볼트로 가조립 상태를 만든다. 이때 주변 작업자나 장비 간의 간섭을 줄이기 위해 크레인과 로프 등으로 임시 안정 상태를 유지하고, 하나의 기둥 라인이 완성되면 이어서 임시 가새 설치가 뒤따른다.

임시 가새 temporary bracing 설치

구조물이 자립성을 확보하기 전까지 구조의 뒤틀림과 흔들림을 막는 핵심 장치다. 임시 가새는 구조체가 자립 조건을 충족하기 전 형태를 유지시키며, 필요에 따라 수직·수평 정렬을 보정할 때도 활용된다. 가새의 위치와 해체 시점, 유지 및 점검 방법은 별도의 브레이싱 도면에 명시해 관리한다. 본구조의 구조적 연속성이 확보되기 전까지는 임시 가새를 해체하지 않는 것이 원칙이다.

보 올리기

기둥이 자리를 잡으면 구조를 완성해가는 다음 단계는 보 설치다. 보 작업은 '인양 → 안착 → 정렬 → 가조임'의 정해진 순서를 따른다. 크레인이 보를 인양해 연결부에 천천히 접근시키고, 앵글이 있는 경우 보 하부 플랜지를 받침에 얹어 초기 지지를 확보한다. 앵글이 없는 경우 보의 웹 또는 플랜지를 직접 맞닿게 한다. 이 과정에서 드리프트 핀을 이용해 첫 볼트 구멍을 정확히 맞추고 이어 가볼트를 넣어 임시 체결한다. 한 번의 인양과 체결로 끝나는 것이 아니라 각 부재의 레벨, 캠버[5], 인접 부재 간섭을 반복적으로 확인하며 베이 단위로 구조를 완성해 나간다.

가볼트 조임

연결부 전반을 가조임 상태로 만들어 전체 형상과 라인을 잡는다. 가조임은 최종 체결 전의 임시 고정 단계로, 구조적 안전을 만들고 외력으로 인한 변형을 방지한다. 가조임을 통해 프레임 변형을 최소 후에는 세우기 조정과 검측이 수월해진다.

세우기·정렬 수정

가조임 이후 토탈스테이션 등으로 기둥 수직, 보 수평, 스팬 라인 등을 확인한다. 필요하면 케이블 장력 조정이나 심 플레이트[6]로 수직, 수평을 맞춘다. 임시 가새는 프레임이 구조적으로 충분히 닫힐 때까지 유지하며, 조정 결과와 계측값은 바로 기록으로 남긴다. 이 과정은 다음 단계의 본조임과 검사가 안정적으로 이어지게 한다.

본볼트 조이기

세우기 정렬 수정이 완료되면 설계, 시방에서 지정한 방식을 따라 본조임을 수행한다. 본조임은 균일한 체결력을 확보해 장기적인 이완 및 풀림을 방지하는 절차다. (p.44 참고)

데크 및 2차 부재 설치

해당 베이의 안정이 확보되면 데크 플레이트나 필요한 브레이싱 같은 2차 부재를 이어 설치하고, 위와 같은 작업을 반복하며 공사를 진행해 나간다. 프레임이 충분히 닫혀 영구 안정이 확보되면, 계획에 따라 임시 가새를 해체한다.

골조 세우기 공사 중에는 불안정한 구조가 되지 않도록 조립 순서를 결정해야 하고, 특히 당일 작업 종료 후에는 안정된 형태가 될 수 있도록 시공 계획을 세워야 한다.

정밀도와 안전 확보

철골 시공의 성패는 정밀도에 달려 있다. 기둥 수직도, 보 수평도, 스팬 길이, 스플라이스 레벨 등은 설치할 때마다 반복해서 확인한다. 검사 및 검측은 제작, 운송, 가설의 모든 단계에서 연동되어야 하며, 관련 기준과 시방서가 정한 허용 수준 내에서 관리한다. 이외에도 어떤 부위에 어떤 검사를 적용할지, 합격 혹은 재작업 기준을 협의서에 명시해 선제적으로 합의한다. 또한, 이 기록은 추후 하자 추적과 유지관리의 근거가 된다.

안전은 전 공정의 선결 조건이다. 고소·양중 작업은 법정 안전 기준에 따라 기상 상황을 상시 모니터링하며, 기준 초과 시 작업을 중지한다. 가설 난간, 안전망, 개인 보호구는 기본이며, 상승하는 작업 층에 맞춰 수직 이동 동선과 추락 방지 계획을 반복 갱신한다.

풍속과 작업 범위

풍속(m/sec)	종류	작업 범위
7 미만	작업 안전 범위	전 작업 실시
7 이상 10 미만	주의경보	외부 용접 작업 중지
10 이상 14 미만	경계경보	세우기 작업 중지
14 이상	위험경보	높은 곳에서 작업자를 내려오게 함

1) 양중揚重 작업: 크레인, 엘리베이터, 사다리차 등 장비를 이용해 무거운 자재를 수직 이동하는 작업
2) 고소 작업: 추락하거나 넘어질 위험이 있는 장소에서 이루어지는 작업을 의미한다. 과거에는 2m 이상 높이 기준이 있었으나, 2m 미만이라도 추락 위험이 있으면 고소 작업으로 안전 조치가 필요하다.
3) 토탈스테이션 total station: 거리와 연직각 및 수평각을 하나의 기계로 관측할 수 있는 장비
4) 드리프트 핀 drift pin: 강재 접합부의 구멍 맞추기에 쓰는 공구. 끝이 가는 핀으로 각 강재편의 리벳 구멍이 일치되게 하기 위해 조립 시에 타입하는 핀을 말한다.
5) 캠버 camber: 보 또는 부재가 하중을 받아 처지는 것을 막기 위해 미리 위쪽으로 약간 휘게끔 곡률을 만드는 것
6) 심 플레이트 shim plate: 낄판이라고도 불리며 틈새에 끼우는 얇은 판

크레인을 이용해 기둥을 세운 뒤 보를 올려 구조를 완성한다.

3

REPORTAGE

Record

철골,
제작의 기록

글·사진 **김현경**

철골은 처음에 단순한 강재로 공장에 들어온다. 역할이 정해지지 않은 철골은 절단과 마킹, 용접과 도장 같은 공정을 거치며 점차 건축의 뼈대로 변모한다. 이 기록은 강재가 구조로서의 의미를 획득해 가는 과정을 따라간다. 레일 위로 천천히 밀려오는 H형강, 제작도를 따라 표면에 새겨지는 마킹, 불꽃이 흩날리는 용접, 반듯하게 다듬어진 절단면 그리고 덧입혀지는 도장의 결까지. 그 모든 순간은 철이 구조가 되는 여정의 일부다. 철골구조는 그저 기술의 산물이 아니다. 구조와 공정, 운반과 조립의 질서가 정밀하게 맞물린 집합체이며, 설계자의 상상과 시공자의 기술, 제작자의 손끝의 복합적 결과다. 대부분의 사람이 보지 못한 이 이면은, 건축을 떠받치는 '시간'과 '수고'의 다른 이름일지도 모른다. 철이 하나의 건축으로 서기까지 축적된 노동과, 드러나지 않은 건축의 시작점에 대한 이야기다.

1 입고

8m, 10m, 12m 길이의 H형강이 레일을 따라 공장으로 들어온다. 아직은 단순한 강재일 뿐, 공장에서 절단과 구멍 뚫기, 용접 등의 과정을 거쳐야만 현장에 설 수 있는 골조가 된다.

2 제작도, 마킹

작업 공간 옆으로 공정을 이끄는 지침서인 제작도가 놓여 있다. 작업자는 돋보기로 들여다보며 제작도의 정보를 강재 표면에 새긴다. 절단선과 구멍 위치, 용접 지점이 표시되며, 이 작은 흔적 하나가 철골 제작의 정확도를 결정한다.

3 용접

철골이 맞닿은 자리에 불꽃이 튀며 용접이 시작된다. 작업자는 각도와 간격을 수차례 확인하며, 뜨거운 열 속에서 부재를 하나로 이어 붙인다.

4 | 이동

수 미터, 수 톤에 이르는 철골은 천장에 매달린 크레인과 지게차로 이동한다.
상하좌우를 잇는 움직임은 공정 순서에 따라 흘러간다.

5 그라인딩

용접이 끝난 부재는 그라인딩을 거친다.
울퉁불퉁한 용접 자국을 갈아내면 비로소 매끈한 얼굴을 드러낸다.

6 도장

가공을 마친 강재는 마지막으로 옷을 입는다. 녹으로부터 보호하는 방청 도료가 입혀진다.

7 | 출하

넓은 공장은 공정 순서에 따라 길게 이어져 있다. 그 흐름을 따라 모든 과정을 거친 철골은 도로가 한산해지는 새벽, 공장 한쪽에 차곡차곡 쌓인 채 출하의 순간을 기다린다.

4

PROJECT

Linear

정제된 선의 건축:
Teo 101

푸하하하프렌즈, 터구조

철재만의 세련미는 건물 안팎에서 강하게 존재감을 드러난다. 특히 한옥과 붉은 벽돌 건물이 주를 이루는 서울 종로구 서촌에 자리한 터구조 사옥 Teo 101은, 철골구조가 만들어내는 직선과 독특한 결합 방식으로 뜻밖의 인상을 남긴다. 설계를 맡은 푸하하하프렌즈는 서촌의 기존 풍경 속에서 다소 이질적으로 느껴질 수 있는 철골구조를 택했다. 과연 그 이유는 무엇일까. 그리고 서촌에 세워진 이 낯선 구조의 건축물에는 어떤 설계 고민이 스며 있을까. 한양규 푸하하하프렌즈 소장, 박병순 터구조 대표에게 직접 물었다.

-
에디터 **이영령**
사진 **신경섭**
자료 제공 **푸하하하프렌즈**

건물의 입면도와 단면도

감씨(감): 서촌이라는 장소적 특성이 강한 곳에 사옥을 짓게 됐다. 푸하하하프렌즈(이하 FHHH)에게 설계를 의뢰하면서 주된 요구 사항은 무엇이었나?
-

박병순(박): 서촌은 오래된 건물이 남아 있으면서도 최근에는 모던한 건축도 많이 들어서고 있다. 우리 건물 역시 서촌의 변화 과정 중 하나로 자리 잡을 것이라 생각했다. 기획 단계부터 '구조사무소다운 단순하면서도 강한 구조'의 이미지를 떠올렸는데 철골구조의 가구식 결합 방식이 이를 잘 보여줄 수 있다고 생각했다.

철근콘크리트구조가 일체화된 덩어리라면, 철골구조는 부재 하나하나가 개별성을 유지하면서 결합 방식에 따라 건물의 성격이 달라진다. 일반적으로 작은 규모의 프로젝트에서는 경제적 제약이나 경험 부족 때문에 철골구조를 잘 선택하지 않는다. 하지만 구조 설계자의 입장에서 구조가 그대로 드러나고 건물의 성격을 표현할 수 있는 방식은 무엇일까 고민했을 때 철골구조가 적합하다고 판단했고, 그런 의미에서 철골구조를 꼭 시도해 보고 싶었다.

감: FHHH는 이번 프로젝트를 통해 철골구조 건축물을 처음 설계한 것으로 알고 있다.
-

한양규(한): 철골구조에 대한 경험은 없었지만 고객이 원한다면 도전해야 하지 않겠나. 사실 용도와 규모가 이미 정해진 상황에서 철골을 선택한 것은 탁월한 결정이었다고 생각한다. 만약 철근콘크리트구조였다면 이 대지 규모에서는 무조건 무거운 벽식 구조를 선택할 수밖에 없었을 것이다. 벽식이 아니라면 기둥이 훨씬 커졌을 것이고, 공간도 무척 지루해졌을 것이다. 이는 오히려 서촌의 맥락과는 맞지 않는다. 일반적으로 규모가 큰 건물에서 철골이 합리적이면서도 경제적이라고 한다. 하지만 Teo 101은 소규모임에도 철골을 직선 요소로 활용해 철골만의 장점을 극대화할 수 있었다.

감: 철골구조와 서촌이라는 다소 상충되는 키워드를 어떤 방식으로 일체화했나?
-

한: 억지스럽게 한옥의 요소를 끼워 맞추기보다는, 건물을 짓는 과정에서 서촌의 장소성을 자연스럽게 풀어내려 했다. 일반적으로 건축에서는 정면을 중요하게 여기지만, 협소하게 붙어 있는 한옥들을 보면 사실 정면이라는 개념이 거의 없이 담벼락으로 둘러싸여 있다. 그런 맥락에서 우리 건물의 입면 또한 정면이 없는 담벼락 같은 모습으로 한옥을 재해석하고자 했다. 좁은 대지로 인해 제한적일 수밖에 없었지만, 최대한 주변 건물의 맥락과 어우러지도록 설계했다.

감: 설계와 시공 과정에서는 어떤 소통이 오갔나?
-

박: 처음 제안했을 때 FHHH는 철골에 대한 경험이 없어 당황했다. 그래서 직접 디테일부터 감리까지 돕겠다고 설득했다. 하지만 걱정과 달리 설계 과정은 즐거웠다. 먼저 '심플한 철골구조 건물'을 목표로 하고 아이디어가 떠오를 때마다 의견을 주고받으며 디테일을 다듬었다. 특히 철골 시공에서는 제작도의 완성도가 무엇보다 중요했기 때문에, 철판 조각 하나의 위치부터 볼트머리의 방향까지 꼼꼼히 검토했다. 공장 제작 기간에도 두 차례 직접 방문해 제작 상태를 점검하고, 설치와 시공 방법에 대해서는 시공자와 세밀하게 협의했다.

한: 소통에 앞서 철골구조의 속성을 제대로 이해하는 것이 가장 중요하다고 봤다. 일례로 지나치게 얇고 가벼운 기둥을 세운다면 그만큼 다른 부분에서 두껍고 무거운 기둥이 필요하게 된다. 또 어딘가를 비우려 하면 다른 어딘가는 배관이 튀어나오는 등, 억지로 형태를 만들면 어딘가에서 균열이 생기기 마련이다. 그래서 설계 과정 전반에 걸쳐 구조적 가능성을 계속 확인하며 작업했다.

감: 구조엔지니어로서 본인의 건물을 직접 설계한다는 점에서 어떤 실험적 태도를 가질 수 있었나?
-

박: 일반적으로 아뜰리에와 작업할 때는 구조에 화려하게 기교를 부리기보다, 단순하게 접근하도록 유도하는 편이다. 구조가 단순할수록 평면이 명확해지고 건물의 안전성 또한 높아지기 때문이다. 나 역시 구조 설계자로서 단순한 구조 형식의 건물을 원했지만, 오히려 FHHH가 적극적으로 새로운 시도를 제안했다. 가장 큰 특징은 기둥의 형태였다.

협소한 대지 위에서는 단열을 어떤 방식으로 해결하느냐에 따라 벽이 차지하는 면적이 달라지기 때문에 구조와 단열을 동시에 해결할 수 있도록 세 가지 기둥 타입을 제안했다. 기본적인 내부 교차부의 +자형 기둥, 건물 외곽의 기둥 그리고 모서리 기둥이 그것이다. 이 덕분에 건물은 구조적 특성을 하나 더 갖게 됐다.

그 외에 낮은 층고를 해결하기 위해 복도와 업무공간을 구분하고, 바닥 철골보의 레벨을 달리해 업무공간의 천장고를 최대한 확보했다. 또 단열을 위해 골조를 이격시키거나 데크 방향을 위치별로 달리 맞추는 등 까다로운 조건이 많았던 만큼, 이를 구현하기 위한 소소한 디테일들이 무수히 숨어 있다.

감: 건물의 중앙을 관통하는 계단으로 인해 실사용 면적에 다소 손해가 있을 것 같다. 공간 배치에는 어떤 의도가 있었나?
-

한: 대지가 'ㄴ'자 형태라면 보통 계단을 한쪽에 몰아넣고 나머지 공간에 화장실, 통로, 탕비실 등으로 채우는 것이 평면을 합리적으로 활용하는 방식이라고 생각할 수 있다. 하지만 이는 국내 설계에서 유형화된 고정관념이라고 생각한다. 오히려 뻥 뚫린 네모 공간은 공간 배치에 비효율적이다. 만약 건물이 대로변에 위치했다면 일반적인 상업공간처럼 설계했을지도 모른다. 하지만 이러한 시도는 골목 안쪽에 자리한 대지 특성과 한정적인 규모에 따른 최적의 판단이라 생각했다.

박: 건축 설계는 전적으로 FHHH의 의견에 따랐다. 설계 당시에는 계단이 중앙에 자리하면서 각 층 업무공간의 폭이 2.2~2.4m에 불과해 우려를 표하기도 했다. 그러나 FHHH는 업무공간으로 전혀 문제가 없다는 확고한 의지를 보였고 그 믿음을 따랐다. 실제로 건물이 완성되고 나서야 그 의미를 이해할 수 있었다. 중앙 계단은 건물 전체를 하나로 엮어주고 상하부로의 빠른 접근을 가능하게 해 결과적으로는 만족스러운 해법이었다. 제한된 조건 속에서 최대한을 끌어낸 공간 배치였다고 생각한다.

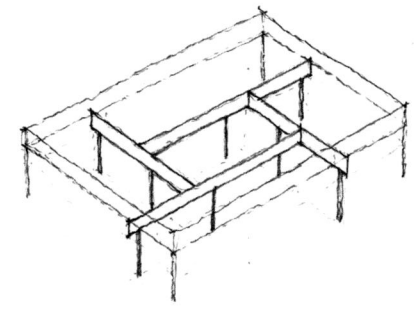

보와 기둥이 교차하는 모서리부의 접합 방식을 개념적으로 정리한 스케치. 수평·수직 부재의 간섭을 최소화하기 위해 서로 다른 높이 레벨로 분리된 플랜을 통해 구조적 위계를 설정한다.

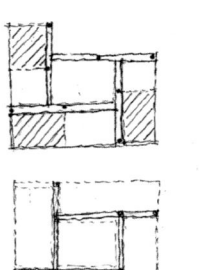 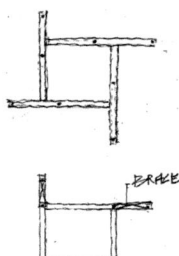

정밀하게 제작된 철골 부재들이 현장에서 볼트와 용접으로 조립되는 과정

철골보 사이 뚫린 구멍을 통해 설비 배관들이 지나간다.

감: 배관 배치는 초기부터 구조 설계와 병행했는지, 아니면 후속 단계에서 조정했는지 궁금하다.
-

한: 철근콘크리트구조는 골조 자체를 설비 배관이 지나가는 통로로 활용할 수 있다. 반면 철골구조는 그렇지 않다는 점에서 차이가 있다. 기존 개량 한옥에서 착안한 기둥 배치를 시작으로, 보가 뻗어나가는 모양과 위치가 정해지면서 자연스럽게 건물 중앙에 빈 공간이 생겼다. 겉으로는 비어 있는 것처럼 보이는 이 공간은 사실 설비로 빼곡히 채워져 있다. 이 공간을 염두에 두고 업무공간과 화장실, 탕비실 등 필요한 공간을 배치했다. 그 후 동선의 흐름을 따라 벽이 형성되었고 이것이 곧 샤프트가 됐다. 결국 설계 과정에서 여러 아이디어가 하나의 흐름처럼 이어지면서 배관과 구조, 공간 배치가 결정된 셈이다.

감: 서촌의 지형적 특성상, 제작·운송·현장 조립 과정에서 많은 어려움이 있었을 것 같다.
-

박: 서촌은 구도심이라 도로가 좁고 전봇대와 전선 등 지장물이 많다. 그래서 작업 차량의 접근이 쉽지 않았고, 현장 또한 협소해 자재를 쌓아둘 공간이 없었다. 이렇듯 제약된 조건에서는 구조를 단순화할수록 비용을 절감할 수 있다. 구조가 단순해지면 결합이 수월해지고 자재 운반도 비교적 쉬워지기 때문이다. 일례로 핀접합은 한 번에 10개를 실을 수 있다. 반면 강접합은 기둥에 브라켓을 붙여야 하므로 운반 가능한 수량이 4개 정도다. 이런 차이가 누적되면 결국 운반 효율에 큰 영향을 준다. 그런 까닭에 현장에서는 핀접합 방식이 훨씬 경제적이었다. 하루치 물량을 공장에서 가져와 곧바로 조립했고, 현장 용접을 최소화한 것도 시공 효율을 높이는 데 도움이 됐다.

감: 철골구조와 철근콘크리트구조 중 공사 소음은 어느 쪽에서 더 많이 발생하는 편인가?
-

박: 가장 큰 차이는 공사 과정과 지속성에서 드러나기 때문에 단정짓기 어렵다. 일반적으로 말하자면 철근콘크리트구조는 거푸집 탈형 작업 과정에서 소음이 많이 발생하는 반면, 철골구조는 임팩트 작업이나 용접 시 사용하는 비상 발전기 소음이 큰 편이다.

감: 철골의 단면 크기, 배치, 접합 디테일을 결정할 때 중점적으로 고려한 부분은?
-

박: 앞서 말한 것처럼 심플한 구조가 되도록 하는 것에 항상 초점을 두었다. 그에 따라 결합 방식은 심플한 구조시스템을 적용하고자 볼트 접합만으로 하고 수평 저항은 수직 가새로 확보했다. 용접은 가능하면 공장 제작 단계에서만 처리하려 했으나 외부 노출 부재의 방수 문제를 해결하기 위해 최종적으로는 외부 부재에 한해 현장 용접을 적용했다. 철골의 단면은 단열과 창의 배치 등 기능적인 부분들을 해결하면서 자연스럽게 만들어졌다.

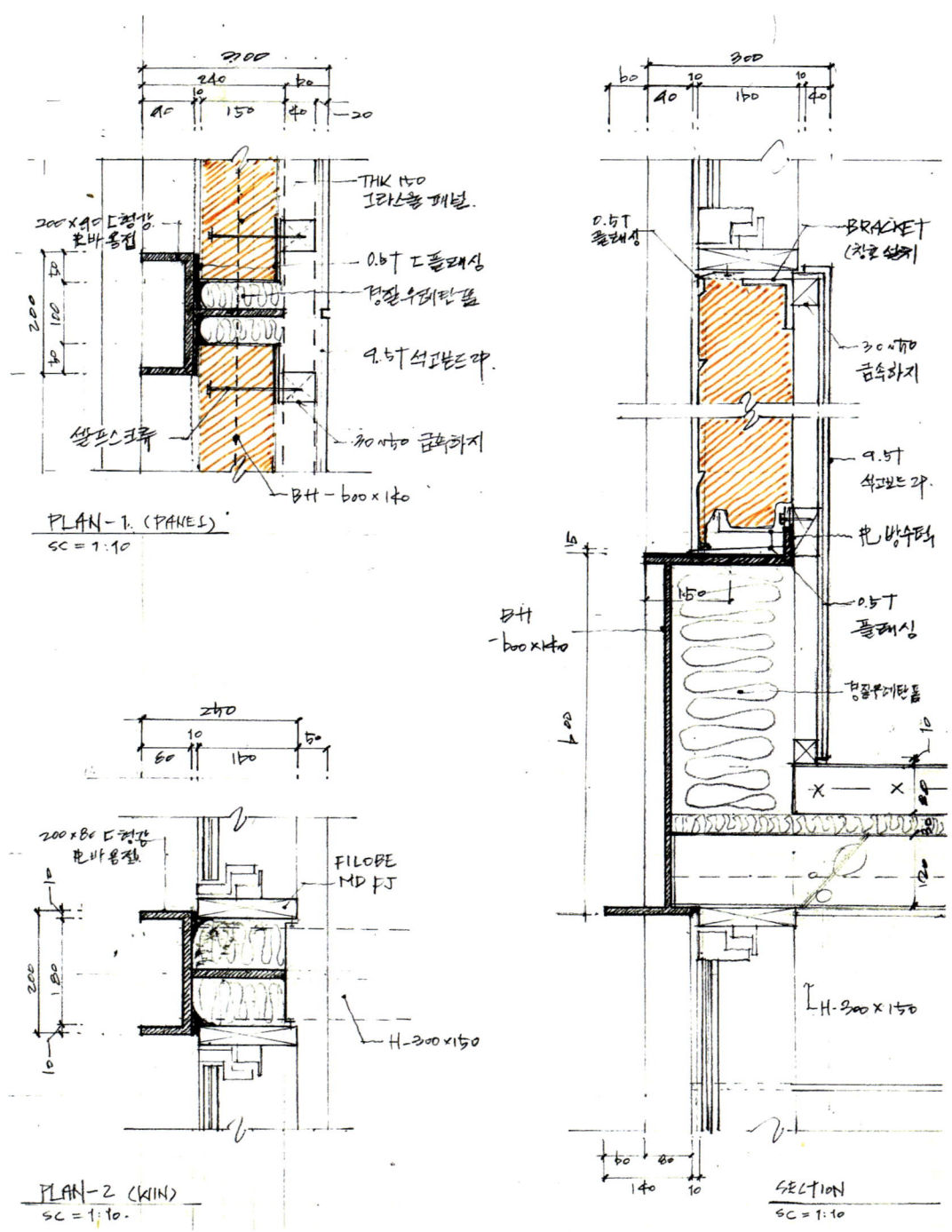

철골 외피와 내부 단열층이 맞물리는 접합부 상세 스케치

감: 접합부에서 생기는 열교(thermal bridge) 현상이나 구조와 배관의 접점에서 발생할 수 있는 결로, 부식, 내화 등의 취약점들은 어떻게 대비했나?

-

박: 방수 문제와 녹 발생에 대한 우려가 있었지만 현실적으로는 정기적으로 다시 도장하는 방식이 가장 적절하다고 판단했다. 건물이 완공된 후 한차례 도장 보수를 진행하기도 했다. 특히 볼트 접합부는 비에 취약한 지점인 만큼 이를 보완하기 위해 코킹 작업을 한 번 더 진행했다. 작업 과정에서 누수 여부를 면밀히 관찰하고 코킹 작업에 특별히 신경을 더 썼다. 내화 성능은 건물 규모상 1시간 기준이면 충분했기에 크게 고려하지 않았다. 대신 단면을 많이 차지하지 않으면서도 대응할 수 있는 방법으로 내화 페인트를 사용했다. 1시간이라는 내화 성능, 철골구조가 노출되는 점, 유지보수 등 여러 요소를 고려해 단면을 많이 차지하는 내화 뿜칠 대신 내화 페인트 도장을 적용했다.

감: 오랜시간 햇빛에 노출되는 구조다. 페인트가 갈라지거나 들뜨는 현상은 없는지 궁금하다. 외부에 칠하는 페인트가 따로 있나?

-

박: 철골 도장에는 교량용 방청재를 사용했다. 설계 당시 철골 부재가 외부에 노출되어 방청 페인트가 노화되고 부식이 발생하는 것에 대한 우려가 분명 있었다. 그런 까닭에 철골 부재를 마감으로 감싸는 것도 고민했다. 주변에 자문을 구하고 사례를 찾아보니 에펠탑과 퐁피두 센터도 철골구조가 노출된 환경이지만 오랫동안 잘 유지되고 있다는 것을 알 수 있었다. 그 해답은 정기적인 유지관리에 있었다. 눈에 보이는 부분은 바로 관리할 수 있는 것이 중요하기 때문이다. 앞서 언급한 것처럼 2년에 한 번씩 철골 부재를 수선하기로 한 것 역시 그런 맥락이다. 도장 작업에 특별한 재료를 사용하진 않았고 상도, 내화 도장, 중도, 하도의 순으로 도장했다.

감: 철근콘크리트구조와 비교했을 때 느낀 철골구조의 차이는 무엇인가?

-

박: 구현 방식에서 큰 차이가 있다. 콘크리트는 거푸집에 부어 일체화된 거동을 만들어 내지만, 철골은 각각의 부재를 연결해야 하는 까닭에 접합 방식이 핵심이다. 현장에서는 철근콘크리트를 '모성적', 철골을 '부성적'이라고 표현하기도 한다. 철근콘크리트는 공정 특성상 작은 실수를 구조가 품어줄 수 있지만, 철골구조는 작은 오류마저도 그대로 드러나기 때문에 현장에서의 제작도가 매우 중요하다. 거듭 강조하지만 철골구조는 접합 위치와 방향, 볼트 하나까지 꼼꼼히 점검해야 비로소 안정적으로 완성된다.

감: '철골구조의 경제성'에 대해서는 어떤 견해인가?

-

박 : 일반적으로 철골구조는 아직까지 철근콘크리트구조보다는 비용이 높다. 과거에는 인건비가 저렴했지만 지금은 인건비가 공사비를 좌우하는 시대인 만큼 인력을 최소화하는 방식으로 전환되는 추세다. 철골구조의 경우 기본설계 단계에서부터 치밀한 시공 계획을 세운다면 모든 구조 부재를 공장에서 제작해 현장에서는 조립만 하면 된다. 이렇게 되면 공사 기간을 단축하고 현장 적재물도 최소화할 수 있어 장기적으로는 경제적 이점이 철근콘크리트구조를 따라잡거나 오히려 역전할 가능성도 있다고 본다.

감: FHHH는 이 작업에 관해 "철골 고행의 끝 머지않았다"고 언급한 적이 있다. 그간의 고행이 함축되어 있는 듯하다.
-

한: 사옥이 지어지는 동안에는 거의 이곳에서 살다시피 했을 정도로, 그 어느 프로젝트보다 고민도 많고 쉽지 않은 과정이었다. 그만큼 힘들었지만, 동시에 설계자로서 늘 마음속에 품고 있는 '새로운 시도를 해보고 싶다'는 바람을 실현할 수 있었던 프로젝트이기도 했다. 특히 우리나라에서는 여전히 '집은 벽돌 외장을 해야 한다', '철은 대형 공장이나 산업시설에나 쓰는 재료다'라는 고정관념이 강하게 자리 잡고 있다. 그래서 일반적인 클라이언트에게는 철골구조라는 선택지가 애초부터 고려 대상이 아닌 경우가 많다. 하지만 이번 프로젝트를 통해 그동안 FHHH가 미처 시도해 보지 못했던 새로운 구조적 방식과 건축적 접근을 실제로 적용해 볼 수 있었고, 이를 통해 우리가 작업할 수 있는 영역을 한층 더 넓힐 수 있게 되어서 의미가 깊다.

감: 건축주이자 구조 설계자로서, 이번 프로젝트는 어떤 의미가 있나?
-

박: 처음 건물을 짓고자 했을 때 거창한 선언적 메시지는 없었다. 단지 춥지 않은 건물을 짓고 싶다는 소박한 바람이었다. 이전 사무실은 냉난방 여건이 매우 열악했고, 특히 겨울에는 유리창 틈새로 들어오는 찬바람 때문에 지내기가 힘들 정도였다. 그래서 서촌으로 사무실을 옮길 때 가장 먼저 고려한 조건이 신축 건물이었다. 그러나 새 건물에서도 출입문 틈새로 바람이 들어와 여전히 겨울을 나기가 쉽지 않았다. 그와는 별개로, 몇 해를 지내면서 서촌은 정겹고 매력적인 동네라는 곳을 알게 되었고, 결국 이곳에 춥지 않은 건물을 짓자는 결심을 하게 됐다. 처음에는 단순하고 소박하게 시작했지만, 준비와 설계, 시공 과정은 생각처럼 쉽지만은 않았다. FHHH와 함께 즐겁게 작업하다보니 잘 마무리할 수 있었던 것 같다. 한옥과 콘크리트 건물이 대부분인 서촌 거리에 조금은 다른 표정을 가진 건물이 들어섰고, 오가는 사람들이 관심을 보이며 좋아하는 모습을 볼 때, 힘들었지만 이런 철골구조 건물을 짓기를 잘했다는 생각이 들곤 한다.

박병순
구조 설계사무소 터구조의 대표이사이다. 팀원인 박성준, 홍소현, 한승환, 최우민, 박정우와 함께 새로운 것을 즐겁게 탐구하는 작업을 이어오고 있다. 특히 비정형 건축물의 구조 설계로 잘 알려져 있다.

한양규
윤한진, 한승재와 함께 푸하하프렌즈 건축사사무소를 공동으로 이끌고 있다. 전북대학교 건축학과를 졸업한 뒤, 디자인캠프 문박디엠피에서 5년간 실무 경험을 쌓았다. 2013년 푸하하프렌즈를 설립한 이후로, 건축을 기반으로 한 다양한 디자인 작업을 지속적으로 펼치고 있다.

Color

도시를 틔우는
붉은 프레임:
스페이스 운 갤러리

모어레스 건축사사무소

서울 서대문구 연희동의 오래된 주택 골목 속, 선홍색 철골 프레임이 시선을 사로잡는다. 사면이 다른 건물들로 둘러싸인 대지 위 다가구 주택은 리노베이션을 거쳐 새로운 문화 공간으로 탈바꿈했다. 입지상 쉽게 눈에 띄지 않지만, 낡은 건물들 사이로 언뜻 드러나는 철골 프레임은 오히려 강렬한 존재감을 발산한다. 스페이스 운 갤러리는 용도 변화에 따라 철골구조를 적극적으로 도입한 리노베이션을 통해 도시와 관계 맺는 새로운 방식을 제안한다. 구조적 보강을 넘어 미학적 장치로까지 확장된 철골의 가능성에 대해 김영수 모어레스 건축사사무소 소장에게 물었다.

-
에디터 **김현경**
사진 **Joel Moritz**
자료 제공 **모어레스 건축사사무소**

감씨(감): 프로젝트에 대해 소개해 달라.
-

김영수(김): 스페이스 운 갤러리는 연희동 상업 가로에 자리한 프로젝트다. 연희동은 기존에 있던 다양한 주거 건물들이 상업공간으로 빠르게 전환되고 있는 곳이다. 이러한 변화 속에서 건축주는 단순한 상업시설이 아닌 문화적 성격을 가진 갤러리를 원했다. 그러나 기존 건물은 사면이 다른 건물로 둘러싸인 막다른 골목에 있는 다가구 주택이었다. 숨겨진 다가구 주택을 갤러리로 바꾸기 위해서는 거리와 소통하는 방식 자체가 달라져야 했다. 리노베이션을 통해 변화하는 도시 속에서 다가구라는 기존 성격이 어떻게 갤러리로 거듭날 수 있을지 고민하며 프로젝트를 진행했다.

감: 갤러리라면 많은 사람이 쉽게 접근할 수 있는 입지가 중요할 텐데, 사면이 건물로 둘러싸인 다가구 주택을 전시공간으로 택한 특별한 이유가 있나?
-

김: 건축주가 연희동을 좋아했고, 연희동 안에서 괜찮은 필지를 찾던 중 이 건물을 발견했다. 막다른 골목 안에 있는 다가구 주택이었지만, 메인 거리에서 틈 사이로 건물 일부가 살짝 보였다. 번화한 거리와 직접 연결되지는 않았지만, 도시 틈 사이로 드러나는 갤러리가 오히려 인지성을 만들어 줄 수 있을 것으로 생각했다. 그에 맞춰 사람들의 시선을 이끌 방법을 고민하는 동시에, 골목 안쪽 도시의 이면에 놓인 문화·상업공간이 어떻게 도시와 관계 맺을 수 있을지 모색했다.

감: 벽돌 건물 사이로 드러나는 선홍색의 철골구조가 인상적이다. 철골구조를 선택하게 된 이유는 무엇이었나?
-

김: 다가구 주택을 갤러리로 바꾸기 위해서는 먼저 내부 구조 보강이 필요했다. 기존 건물은 내력벽 구조였던 터라 방과 방을 구분하는 벽 자체가 구조체였다. 넓은 갤러리 공간을 확보하려면 내부 벽체를 모두 철거해야 했고, 이를 보완하는 가장 효율적인 방법이 철골로 구조를 보강하는 것이었다.

다른 이유는 외관 디자인이었다. 주거 공간에서는 발코니를 확장해 내부 공간으로 바꾸는 것이 일반적이다. 법적으로 주거에서 확장된 발코니 면적이 제외되지만, 상업공간으로 바뀌면 다시 산입된다. 면적 문제를 해결하는 동시에 발코니가 도시와 다른 방식으로 관계 맺는 방법을 고민했고, 그 결과 철골을 덧대 외부화하는 방식을 택했다. 기존 주택은 상업 가로와 연결될 이유가 없었기 때문에 계단실과 발코니가 모두 닫힌 형태였다. 갤러리 내부는 닫힌 형태를 가지더라도 진입하는 과정이나 공간 전개 속에서 도시의 틈 사이로 사람들의 움직임이 드러나길 바랐다. 그래야 새로운 갤러리가 이 도시와 시각적·물리적으로 관계 맺으며 잘 작동할 수 있을 것이라고 생각했다.

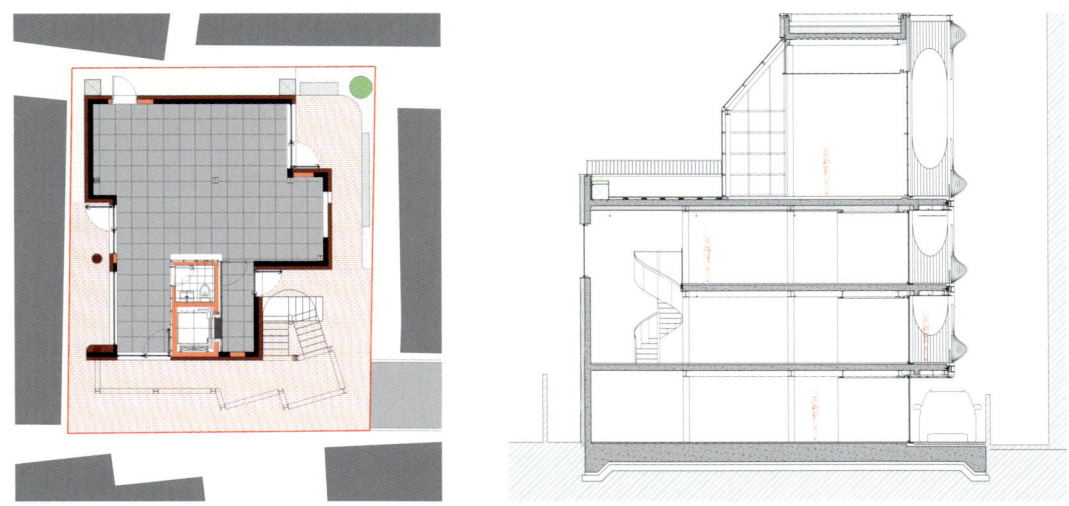

1층 평면도(좌), 단면도(우). 확장된 외부 발코니와 곡선 난간 아래로 주차공간이 있다.

곡선 난간 1:1 스케일
목업 작업 현장

감: 전체적으로 사용된 선홍색과 곡선 난간에는 어떤 의도가 담겨 있나?

-

김: 덧붙여진 철골구조는 단순한 구조적 장치가 아닌, 이 건축물이 도시와 어떻게 관계 맺는지를 보여주는 과장된 입면이자 발코니다. 발코니에 사용된 선홍색은 '관계'와 '연결'을 상징하는 색을 건축적으로 번역한 것이다. 영화 「HER」에서는 주인공 테오도르와 인공지능 사만다의 새로운 관계를 상징하는 색으로 선홍색을 사용했다. 붉은빛을 띠는 AI 사만다의 화면, 테오도르의 옷이 두 존재가 어떻게 관계를 맺는지 보여주는 것 같았다. 또, 봉준호 감독의 「흔들리는 도쿄」라는 영화 속에서 히키코모리인 주인공이 외부와 맺는 유일한 접점인 피자 배달부의 옷도 붉은색이었다. 이처럼 색채는 도시와 사람을 연결하는 매개가 될 수 있다고 생각했다.

    외부화된 발코니는 초기 형태는 단순했는데, 건축주가 모형을 한참 보더니 '아파트 발코니 같다'고 했다. 처음에는 이해하기 어려웠지만, 어느 날 길을 지나다 본 아파트 발코니가 건축주가 말한대로 초기 형태와 닮았음을 깨달았다. 건축주가 원하는 인지성을 만드는 동시에 의미가 있는 형태를 고민하다가 19세기 초 유럽에서 여성들이 입던 '크리놀린1)'을 떠올렸다. 과장된 치마폭을 만드는 것처럼 건축물 역시 부풀려져 도시 속에서 새로운 기능을 하는 존재로 인식되길 바랐다. 그 결과가 확장된 외부 발코니와 곡선 난간이다.

감: 곡선의 난간을 시공하는 과정에서 어려움은 없었나?

-

김: 철골구조는 철근콘크리트구조와 달리 정확한 모듈 치수로 작업할 수 있다는 장점이 있다. 모듈이 결정되면 마치 유닛화된 제품처럼 현장에서 설치할 수 있다. 이번 프로젝트는 대지도 좁고 민원 문제도 있어 현장 여건이 좋지 않았다. 그래서 가능한 한 공장에서 제작하고 현장에서는 조립만 하는 방식을 택했다. 난간도 공장에서 모두 제작해 도장까지 완료한 상태로 운반해 와 현장에서는 조립만 진행했다.

감: 공장에서 부재를 제작하려면 치밀한 계획이 필요할 것 같다. 리노베이션 프로젝트 특성상 계획과 맞지 않는 경우도 있었을 것 같은데, 어떻게 조율했나?

-

김: 리노베이션 프로젝트인 만큼 기존 건물을 해체한 뒤 새 철골과 결합할 때 항상 예상치 못한 부분들이 나왔다. 그래서 시공사와 지속적으로 협의해야 했다. 실측을 정말 여러 번 진행했다. 기존 건축물, 해체 후, 철골이 보강된 후 등 모든 단계마다 실측을 진행하고 그에 맞는 도면을 시공사에 전달했다. 시공사들도 이런 상황을 너무 잘 알고 있었다. 마지막까지 협의한 후 최종 도면은 정확히 유닛화된 상태로 나왔다. 곡선 난간도 레이저 커팅할 치수까지 모두 정리해 제작했다. 리노베이션은 기존 건축물과 맞물려 들어가야 하는 만큼 계속해서 변화가 있을 수밖에 없지만, 그 과정을 치밀하게 조율하며 완성해 나갔다.

크레인으로 들어 올린 철골은 뒷건물을 넘겨 현장으로 반입되고, 수직으로 세워진 부재는 현장에서 맞춰진다.

감: 기존 건물은 철근콘크리트 건물이었다. 철골 입면과 연결되는 과정에서 구조적 문제는 없었나?
-

김: 앞서 언급했듯 기존 내력벽을 상당 부분 허물었기 때문에 전체적인 구조 보강이 필요했다. 갤러리에 맞춰 2, 3층 사이 일부 슬래브를 철거해 높은 층고와 넓은 벽면을 확보하는 한편, 철거된 구간에도 추가적으로 보강을 진행했다. 또한 새로 엘리베이터를 설치하기 위해서도 보강이 필요했다. 접합은 철근콘크리트구조에 임베디드 플레이트[2]를 고정하고 철골을 연장하는 방식을 취했다. 내부 공간에도 철골 보강이 모두 들어가 발코니 전면부까지 연결됐고, 기존 철근콘크리트 구조와의 접합, 새 철골과의 결합이 복합적으로 이루어졌다.

가장 큰 문제는 발코니 하부의 주차장이었다. 외부 발코니는 캔틸레버 형태로 떠 있어 구조적 안전성을 확보해야 했다. 발코니는 기존 건물, 보강된 기둥, 엘리베이터 코어, 상부 구조에 복합적으로 연결돼 있다. 구조사무소와 수시로 통화를 했다. 구조뿐만 아니라 디자인, 설비까지 입체적으로 검토해야 했던 터라 현장에서 사진을 공유하며 안정성을 계속 협의했다. 힘의 흐름이나 구조적 관계성을 이해하며 문제를 풀어낸 셈이다.

감: 구조를 풀어내는 동시에 디자인을 구현하는 것이 어려웠을 것 같다.
-

김: 이번 프로젝트는 철골이 구조 역할에 그치지 않고 디자인 역할까지 병행돼야 했다. 구조적 합리성만이 아닌 디자인적 관점도 함께 고려해야 했기 때문이다. 보통은 구조사무소에 철골 보강을 의뢰하면 큰 기둥 몇 개를 제안하는 수준에 그친다. 하지만 이번에는 우리가 먼저 구조 부재 사이즈를 정했다. 일례로 H형강은 구조의 강축 방향이 있는데, 우리는 빛을 비췄을 때 생기는 선과 음영까지 고려해 방향을 지정했다. 또한 질서를 만들기 위해 기둥 간격도 정한 후에 구조 사무소와 협의를 진행했다. 접합 방식에서도 수직 부재가 쪼개지면 용접이나 볼트 접합부가 드러나 시각적으로 좋지 않았기 때문에, 입면에서는 하나의 긴 부재로 선을 강조할 수 있도록 길이까지 정해 제안했다.

감: 하나의 긴 부재로 시공했다는 점이 놀랍다. 사면이 건물로 둘러싸인 협소한 대지인데 큰 부재를 어떻게 반입했나?
-

김: 처음에는 전면 골목에서 크레인으로 작업할 수 있을 것으로 판단했지만, 민원이 심해 결국 반대편인 후면 골목에서 작업했다. 크레인을 세우고 기둥을 들어 옆 건물을 넘겨 현장으로 반입하는 방식이었다. 대지가 좁았기 때문에 부재를 반입하는 동시에 현장에서 바로 작업하는 방식으로 진행해야 했고, 이에 맞춰 일정을 조율해야 했다. 모든 부재가 연결되어야 구조적으로 안정성이 생기기 때문에 긴장되는 순간이 많았다. 작은 부재들은 옥상 위나 현장 앞에 보관하며 순차적으로 결합했다.

감: 대지가 협소해 철골구조 외에 다른 구조로 시공하기 어려웠을 것 같다.
-

김: 구조 선택은 현장 여건과 직결된다. 보통 철골은 단기간에 큰 구조를 효율적으로 구축하는 데 유리하기 때문에 대규모 플랜트 공장 같은 곳에 많이 쓰인다. 소규모 현장에서는 적은 부재를 나눠 반입해야 하는 만큼 공사비가 다소 높아질 수 있지만 작업 속도는 훨씬 빠르다. 만약 이렇게 좁은 대지에서 철근콘크리트로 진행했다면 현장에 들어올 수 있는 인부도 제한적이고, 공사 기간도 몇 배로 늘어났을 것이다. 비용까지 고려하면 오히려 비효율적이다. 철골은 공장에서 미리 제작해 현장에서 조립하는 건식 공법이므로 현장 작업량을 줄일 수 있다. 이번 프로젝트의 여건을 고려했을 때 철골은 가장 합리적인 선택이었다.

감: 완공 후 가장 크게 느낀 점은 무엇인가?
-

김: 언제부턴가 리노베이션, 증축 프로젝트에 철골을 자주 사용하게 됐다. 재료 선택은 공간의 성격과 현장의 특성들을 바탕으로 결정된다. 이번 프로젝트는 구조적 보강이 필요했고, 현장 여건상 다른 재료를 사용하기 어려웠다. 진행하면서 철골을 그저 구조 보강 재료로만 다뤄온 것이 아니라 미학적으로도 다룰 수 있음을 깨달았다. 구조와 디자인이 함께 작동하는 가능성을 확인한 경험이었다.

1) 크리놀린 Crinoline: 19세기 서양에서 스커트를 부풀게 하기 위해 사용된 버팀대
2) 임베디드 플레이트 embedded plate: 매립 철물이라고도 불리며, 건축물 코어부의 철근콘크리트구조와 철골구조를 일체화하기 위한 철판이다.

김영수
2014년 프랑스건축사회에서 진행하는 《장 프루베 Jean Prouvé-김중업》 건축 장학금에 선발되었으며, ㈜해안건축과 원오원 아키텍스, 프랑스의 도미니크 페로 사무소 등에서 다양한 규모의 프로젝트로 실무를 쌓았다. 모어레스 건축사사무소 대표이자 서울시 공공건축가 및 경찰청 건축자문위원회 위원으로 활동 중이며, 인하대학교 건축학과 겸임교수로 출강 중이다.

Challenge

철골이라는 씨앗에서
키워낸 울창한 나무숲:
STEEL TEBAH

조호건축사사무소,
바른비아이엠스틸

철골에서 시작해 철골로 맺은 건축물 STEEL TEBAH는 경기도 성남시 하대원동의 골목 안에서 철골구조의 잠재력과 공간적 자유를 실현한 사례다. 마치 여러 그루의 나무가 솟아오르듯 수직과 수평 그리고 비스듬히 뻗어 나가는 굵은 철골 부재들은 건축을 지탱하는 동시에 공간을 조직한다. 이 건물은 구조와 형태, 기능과 정체성이 서로를 밀어내지 않고 공존한다. 견고하게 완성된 건축을 넘어 철골이 만들어낸 조형적 풍경이자, 구조적 언어를 건축적 표현으로 전환한 프로젝트다. 철골이라는 씨앗에서 어떻게 이와 같은 구조적 숲을 키워낼 수 있었는지, 이정훈 조호건축사사무소 소장과 황형주 바른비아이엠스틸 총괄이사에게 물었다. 설계와 구조 사이를 오가며 이어진 무수한 고민과 실험, 도전의 기록을 되짚어 본다.

-
에디터 **구자영**
사진 **김현경** (별도 표기 외)
자료 제공 **조호건축사사무소**

감씨(감): 지면에서부터 철골이 뻗어 나오는 듯한 형태가 인상적이다. 철골구조는 이러한 디자인 구현을 위한 방법이었나?

-

이정훈(이): 이번 프로젝트에 대한 목표는 디자인이 다소 거칠더라도 철골이 가진 장점과 특성을 전면에 드러내는 것이었다. 철골의 가장 큰 장점은 구조 자체가 외형이 되고 스킨이 될 수 있다는 점, 즉 패턴이나 외형 디자인에 있어 상당한 자유도를 제공한다는 것이다. 철골구조를 통해 우리나라에서 이 정도 규모의 프로젝트도 철골로 가능하다는 가능성을 제시하고자 했다. 말하자면 하나의 히트 상품처럼 만들어 보자는 게 건축주와 우리의 공통된 바람이었다. 특히 건축주인 바른비아이엠스틸의 황형주 총괄이사는 이 프로젝트의 구조설계를 직접 담당하기도 했고, 예전부터 여러 프로젝트에서 함께 작업해 왔기 때문에 철골에 대한 이해와 신뢰가 깊었다. 이번 작업은 그러한 맥락 안에서 철골이라는 뚜렷한 콘셉트를 중심으로 완성된 결과다. 이전에 우리가 설계했던 철골구조 프로젝트 나인브릿지 파고라Nine Bridges Pergola의 보급형 버전이라고 보면 될 것 같다.

감: 구조 자체를 디자인의 주요 요소로 삼으려는 분명한 의도가 엿보인다. 건물의 구조 개념이 형태와 심미성에 어떻게 반영되었는지 그 구상 과정이 궁금하다.

-

이: 기본적인 방향은 표면적을 최대한 확장하면서 디자인과 효율을 동시에 확보하는 것이었다. 일반적인 방식처럼 중앙에 구조 코어를 두기보다는 대지를 외곽으로 감싸는 구조 프레임을 구성함으로써 가운데 기둥 없이도 공간이 조직되도록 계획했다. 실제 대지보다 더 넓어 보이는 인상을 주는 것도 이 전략의 효과 중 하나다. 주차장으로 사용된 공간은 철골 프레임으로 둘러싸여 있지만 건폐율에서는 제외된다. 이는 철골구조가 지닌 외곽의 랩핑wrapping 전략을 통해 법적 용적률과 시각적 스케일을 동시에 확장할 수 있다는 의미다. 철근콘크리트구조에서는 구조체인 콘크리트가 곧 형체를 규정짓지만, 철골구조에서는 구조 프레임만 먼저 세우고 내부는 비교적 자유롭게 변경할 수 있다는 유연성이 있다. 그런 점에서 철골은 물리적인 구조를 넘어 공간과 법규, 디자인 전략을 모두 관통하는 도구로 기능할 수 있다고 판단했다.

시공 전 대지의 모습

시공 현장 (2022년 9월)

감: 처음 설계했던 디자인에서 바뀐 부분이 있다면?
-

이: 크게는 세 가지 변경이 있었다. 첫째는 외관이다. 초기 계획에서는 철골의 줄기와 가지가 더 많아서 여러 그루의 나무가 서로 얽혀 하나의 숲을 이루는 듯한 형태를 구상했었다. 하지만 단열 문제로 인해 평당 시공 단가가 약 6배 가량 상승하는 현실적인 벽에 부딪혔고, 결국 철골 부재의 수를 줄일 수밖에 없었다. 또한 철골 기둥의 경우 원래는 굵기가 점점 달라지는 유기적인 형태로 계획했으나 비용 절감을 위해 직선으로 단순화했다.

둘째는 내부 공간 구성 방식의 변화다. 기존에는 철골 프레임 안에 여러 개의 블록을 조합하는 개념을 구상했지만, 마찬가지로 단열 기준과 소방 법규의 현실적인 제약으로 절충할 수밖에 없었다. 특히 각 실이 다중이용시설로 분류될 경우, 피난 계단이나 대피로 같은 필수 요소들이 상호 간섭되면서 구조 계획을 전면 재검토해야 했다. 고가의 내화 페인트를 적용하면 기술적으로는 해결 가능했지만, 이 프로젝트를 초고가 건축물로 만들고 싶지 않았다. 내부와 외부를 이중 구조로 나누는 안도 논의했지만 외부가 복잡한 형태가 되기 때문에 최종적으로 배제했다.

셋째는 테라스 배치의 전경이다. 내부 구성이 바뀌면서 건물 뒤쪽에만 테라스를 집중 배치하는 방식으로 정리했다. 이는 공사비를 합리적인 선에서 조정하면서, 결로와 같은 유지관리 리스크를 줄이기 위한 결정이기도 했다.

감: 내화 처리는 어떤 방식으로 진행됐나? 과정에 대해 간략히 소개해 달라.
-

황형주(황): 철골이 외부에 노출될 경우, 국토교통부 기준상 최소 3시간 내화 성능 확보가 요구된다. 2022~2023년도 당시에는 국내산 내화 뿜칠 제품이 없었고 스웨덴산 수입 제품만 사용 가능했다. 당시 가격으로 제곱미터당 약 24만 원으로, 철골 자체의 단가와 거의 비슷한 수준이었다. 실제 뿜칠 공사비만 약 2억 4천만 원이 들었다. 비용 부담을 줄이기 위해 외부에 노출되는 철골 부재는 알루미늄으로 감싸고 그 안에 단열재를 집어넣는 방식으로 대체했다.

이: 외부에서 보이는 건 알루미늄 외피뿐이고 철골은 전부 안으로 숨겨져 있기 때문에 구조적 안정성이나 내화 기준, 유지관리 등의 문제는 모두 해결할 수 있었다. 일반 건물로서의 기능에도 전혀 문제가 없다.

감: 프로젝트에서 가장 어려웠던 점은 무엇이었나?
-

이: 결국 거의 모든 과정을 우리가 직접 수행해야 한다는 점이다. 어려운 점인 동시에 우리 사무소의 장점이기도 하다. 구조엔지니어가 가져온 1차안들을 토대로 사무소 내부에서 구조 시뮬레이션과 디자인을 반복하면서 비용과 성능이 맞는 구조 해법을 찾아낸다. 이런 방식이 오히려 설계와 구조, 시공 간 협의 시간을 줄이고 결과적으로 프로젝트 전체를 빠르게 끌고 갈 수 있는 방법이기도 하다.

황: 철골은 공장에서 제작하는 시스템인 만큼 업체 간 협업이 특히 중요하다. 설계자 혼자서 아무리 잘해도 물류 회사, 유통사, 시공사, 제작사 등 업체 사이의 일정과 조건이 제대로 맞물리지 않으면 시공의 지연은 필연적이다. 공사 기간을 줄인다는 건 그저 빨리 짓는다는 게 아니라 그 안에 있는 수많은 요소들이 하나의 시스템처럼 작동했을 때만 가능한 일이다.

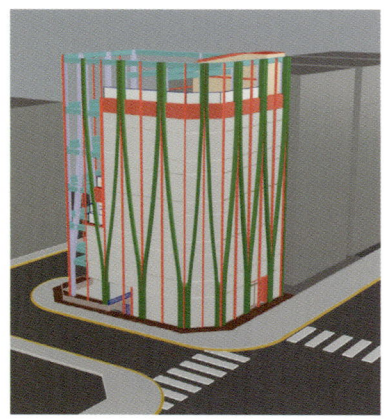 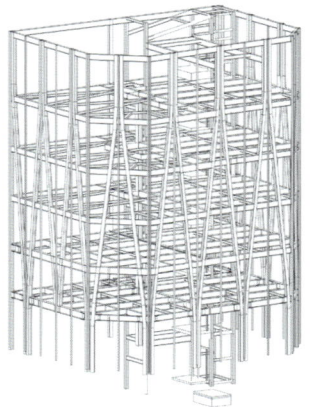 

©조호건축사사무소

(왼쪽부터) STEEL TEBAH의 모델링 화면, BIM 기반 설치도, 시공 현장 사진. BIM 작업에는 라이노와 그래스호퍼 등이 쓰였다.

층마다 유리의 크기와 모양이 다르기 때문에 여닫이창이나 미닫이창 대신 실내에서 마개를 여닫는 환기창이 쓰였다. 환기창은 유블로 제품.

감: 프로젝트마다 활용하는 BIM 프로그램도 달라지기도 하는가? 달라진다면 그 기준은 무엇인가?

-

이: 전반적으로 국내 여건에 맞춘 가벼운 BIM을 사용하고 있다. 프로젝트 규모에 따라 사용하는 프로그램이 조금씩 달라진다. 규모가 크거나 복잡한 경우에는 카티아CATIA 같은 하이엔드 툴을 사용하고, 중소형 프로젝트는 가볍고 빠른 툴을 사용하는 식이다. 상황에 맞춰 툴을 탄력적으로 운용함으로써, 공사비를 컨트롤하면서도 최대한의 가성비를 확보하는 것이 목표다.

감: 그렇다면 이번 프로젝트에서 사용한 툴을 간략하게 소개해 달라.

-

이: 라이노Rhino라는 3D 툴을 BIM 환경에 맞게 자체적으로 최적화해 사용하고 있다. 라이노는 BIM에 주로 쓰이는 레빗Revit에 비해 파일 용량은 약 10% 수준으로 줄일 수 있고, 물량 산출이나 디테일에 대한 적산도 80% 이상 커버 가능하다고 본다. 구조 도면에서부터 구조 값이 설정되면 이를 바탕으로 직접 3차원 모델링을 다시 수행하는 방식이다. 프로젝트 완성도를 높이기 위한, 우리 사무소만의 작업 프로토콜이라 할 수 있겠다. 같은 라이노를 쓰더라도 모델링과 적산의 정밀도를 최대한 높이는 것이 핵심 전략이다. 이외에 수직적 패턴을 짤 때는 그래스호퍼Grasshopper를 병행하기도 한다. 건축의 완성도가 결국 '2%의 싸움'이라면 그 미세한 차이를 모델링 정확도와 BIM 활용을 통해 실현하자는 태도로 접근하고 있다.

감: 철골구조에서 Scan to BIM은 어떤 존재인가?

-

황: 철골은 기본적으로 공장 제작, 소위 매뉴팩처링 공법으로 제작된다. 현장에서의 시공은 공장에서 가공된 모듈이 정확하게 조립될 수 있도록 설계되는 것이다. 이때 3D 스캔 장비는 일종의 정밀 측량 도구다. 일례로 볼트를 어떻게 걸어야 할지, 너트를 어떻게 잘라내야 할지 등을 사전에 BIM에서 검토할 수 있다. 만약 정확한 스캔 없이 공장 제작을 진행하면 현장에서 모듈 간의 어긋남이나 정렬 오차가 발생할 수 있다. 그런 까닭에 단순 보조 기술이 아니라 구조시스템의 전제가 되는 툴이라고 봐야 한다. 현장 상황에 따라 모듈끼리 실제로 맞앉는지 측량할 수 없는 경우도 발생하는데, 이때 3D 측량기와 BIM 설계가 해결책이 되어준다.

감: BIM을 적극 활용했는데, 현장이나 협업체와의 호환성은 어땠는지 궁금하다.

-

이: 국내 건설사 대부분은 아직 라이노를 사용하지 않는 까닭에 스케치업 파일을 요구받는 경우가 다반사다. 라이노 모델을 스케치업으로 변환하는 작업에도 공수가 많이 든다. 어떻게 보면 라이노를 기반으로 작업을 이어가는 것 자체가 우리만의 방식이라고도 볼 수 있다. 하지만 이번 프로젝트의 경우는 달랐다. 건축주이자 협력사였던 바른비아이엠스틸과는 2D 도면을 주고받은 적이 없다. 3D 모델을 그대로 공유하며, 해당 모델을 기반으로 바로 철골을 제작하는 식으로 일을 진행한 것이다.

황: 국내에서 BIM을 실제로 구현한다는 것은 거의 수작업에 가깝다. 그래서 제작도를 담당하는 사람의 역량이 특히 중요하다. 제작도가 정확하게 만들어져야 거기서 파생되어 나오는 BOM[1] 리스트도 정확하게 산출되고 자재 수급 역시 순조롭게 진행된다.

철골로 할 수 있는 것은 다 해보겠다는 의지가 담긴 STEEL TEBAH.
코어도 철골로 이뤄진 점이 돋보인다.

감: 이번 프로젝트를 통해 확인한 철골구조만의 건축적 이점이 있다면?

-

이: 독특하면서도 유연하다는 점 아닐까. 이번 프로젝트는 각 층의 구조 평면도를 겹쳐 놓으면 마치 직물을 짜놓은 듯한 패턴이 보인다. 하얀 나무로 형상화된 철골 메인 기둥에 구조가 엮이어 있는데, 층이 달라짐에 따라, 즉 나무를 타고 올라갈 때마다 보의 위치가 달라지기 때문이다. 철골이라서 가능했다. 경제성도 빼놓을 수 없다. 철골콘크리트로는 실현 불가능했을 예산 범위 내에서 이 프로젝트를 완성했다. 프로젝트는 평당 약 500만 원 수준이다. 철골구조는 일단 프레임을 세우면 그 안에서 내부 형태는 유연하게 바꿀 수 있기 때문이다. 심지어는 코어도 철골이다. 그러면서도 건폐율은 40~50% 수준으로 유지했다.

황: 철골구조는 철근콘크리트구조에 비해 시공 단가가 낮다. 공장에서 구조체를 미리 제작하고, 현장에서는 조립만 하면 되기 때문에 인건비가 적게 들어가기 때문이다. 시공 속도 역시 더 빠르다.

감: 이번 프로젝트가 갖는 의의가 있다면?

-

이: 형태, 구조, 기술적인 측면에서 새로운 선택지를 제시했다는 점에서 의미가 크다. 경쟁력을 갖추기 위해서는 구조나 형태에 있어 반복보다는 변주를 시도하는 게 중요한 것 같다. 변화의 시도 없이 반복만 해서는 큰 의미가 없지 않나. 예를 들어 평당 시공비는 동일하더라도 철근콘크리트보다 훨씬 더 다양한 디자인을 실현할 수 있다면 그 자체로 충분히 유의미한 결과가 아닐까. 이번 프로젝트는 국내에서 흔치 않은 방식의 시도였고, 제한된 단가 안에서도 높은 완성도를 달성했다는 점에서 주목할 만하다. 비용을 일정 수준으로 유지하면서도 구조, 단열, 내화 등의 기술적 조건들을 동시에 충족시켰다는 점에서, 철골구조로부터 맞닥뜨릴 수 있는 복잡한 문제에 대한 일종의 한국형 해법을 제시했다고 생각한다.

감: 여기서 말하는 한국형이란 구체적으로 무엇인가?

-

이: 우리가 설계한 3D 데이터를 바탕으로 구조 측에서 정밀한 시뮬레이션을 다시 수행하고 그 결과물과 디자인 사이의 조율 과정을 반복하며 구조를 완성해 나간다. 이후 이 구조 데이터를 기준으로 제작도가 만들어지고 일련의 흐름이 원활하게 이어져야만 공장에서 제작되는 철골 부재와 현장 간의 오차가 발생하지 않는다. 생각해 보면 이전에 작업했던 나인브릿지 파고라는 기술적으로 더 복잡한 프로젝트였다. 반면 STEEL TEBAH는 비교적 저렴한 예산 안에서 복합적인 디자인을 시도했다는 점에서 오히려 더 현실적인 모델이다. 중저가 프로젝트에서도 구조적 복잡성과 디자인 실험을 병행할 수 있다는 가능성을 보여준 사례라는 점에서 '한국형', '한국형 철골 디자인 모델'이라고 정의할 수 있겠다.

감: 이 프로젝트가 동시대 건축 업계와 소비자에게 전하는 메시지가 있다면?

-

이: 툴이나 구조가 친숙하지 않다는 이유로 회피할 필요는 없다고 생각한다. 건축가들도 사실 안 써보면 모르지 않겠는가. 건축사사무소를 개소했다고 해서 지식이 갑자기 늘어나는 건 아니다. 결국 건축가는 여러 방식으로 설계를 해봐야 그 경험을 토대로 건축주에게 더 나은 선택지를 제안할 수 있다. 프로젝트의 제약 조건을 풀어내기 위해서는 본인이 익숙함을 느끼는 도구만으로는 충분하지 않다. 친숙하지 않은 툴이라 해도 직접 부딪쳐 보고 경험치를 쌓는 과정이 필요하다. 특히 지금처럼 인건비가 꾸준히 상승하고 현장 여건이 녹록지 않은 상황에서 철근콘크리트만으로는 분명 한계가 있다. 철골구조는 이런 현실적 조건 속에서 충분한 대안이 될 수 있다. 다만 BIM 기반으로 철골을 직접 설계해 보지 않으면 진입장벽이 크게 느껴질 수밖에 없다. 그렇게 되면 시공사나 건축주도 그 방식에 쉽게 동참하기 어렵다.

황: 전 세계적으로 봤을 때, 철은 우리나라에서 가장 많이 생산된다. 하지만 그런 조건에도 불구하고 철은 여전히 건축 시장에서 쉽게 선택되지 않는다. 익숙하지 않다는 이유에서다. 건축은 결국 건축가의 디자인으로부터 시작되기 때문에 철이 갖는 재료적 경쟁력도 설계자 차원에서의 인식 전환 없이는 반영되기 어렵다. 다만 최근 몇 년 사이 철근콘크리트에 치우쳐 있던 구조 관행이 조금씩 깨지고 있다는 느낌이 든다. 철골에 대한 관심이 확장되고 있다는 점은 긍정적이다.

감: 이번 프로젝트를 통해 철골에 대해 새롭게 느낀 점과 기존의 건축적 인식에서 변화한 지점이 있다면?
-

이: 두 가지로 정리할 수 있겠다. 하나는 '자유'다. 입지로부터의 자유와 시공 속도의 자유가 되겠다. 단순하고 빠르게 진행할 수 있다는 점에서 실무적으로 큰 장점이 있다. 또 하나의 관점은 '강력한 새 옵션'이다. 모든 건축주가 고가의 건물만 지을 수는 없다. 향후 인건비 등을 고려했을 때 철근콘크리트로는 점점 더 부담스러운 방식이 될 수 있다. 그런 점에서 '이 단가로 이 정도의 프로젝트가 가능하다'는 확실한 사례를 제시했다. 철골은 국내 상황을 고려하면 확장성이 크다. 시공 속도도 빠르고 구조 및 형태적인 부분에 대한 확장성도 굉장히 크기 때문이다. 궁극적으로는 철골구조의 매력을 어떻게 살려볼지도 이번 프로젝트를 계기로 깊게 고민하게 됐다. 조금이라도 국내외 시장에서 어필할 수 있다면 그 기회를 살려야 한다고 생각한다.

1) BOM: 'Bill of Materials'의 약자로, 자재 명세서를 의미한다. 어떠한 물품을 생산, 개발, 판매하는 과정에서 소요되는 자재 및 원재료가 정리된 목록이다.

이정훈
건축과 철학을 공부하면서 국비 장학생으로 프랑스에 건너가 낭시 건축학교와 파리 라 빌레트 건축학교에서 공부 후 프랑스 건축사를 취득했다. 이후 자하 하디드와 시게루 반의 사무소에서 근무했고, 2009년 서울에 조호건축사사무소를 설립했다. 인문학을 토대로 공간을 사유하고, 감각과 기술의 논리로 형태를 구축한다.

황형주
2021년 BIM 철골 제작 전문가들이 모여 설립한 바른비아이엠스틸의 총괄이사로 근무 중이다. 산업과 건축에 새로운 철골 제작 BIM 시스템 분석을 통해 다양한 프로젝트를 진행하고 있으며 난해한 철골구조를 실험적으로 진행하고 있다.

STEEL TEBAH의 시공 과정과 완공 후 모습
(영상 제공: 바른비아이엠스틸)

Frame

구조와 건축의 경계를 다시 묻다: HD현대 글로벌 R&D 센터

HD현대, 니켄세케이,
희림종합건축사사무소,
CNP동양

한국의 오피스 건축은 오랫동안 유리 커튼월을 공통 언어로 삼아 왔다. 구조체는 내부로 감춰지고 외피는 유리와 금속으로 덮여 반사와 투명 사이를 오간다. 효율과 경제적 논리에 따른 이 방식은 현대 도시 건축의 보편적 언어로 자리잡았지만, 동시에 서로 닮은 건물들로 채워지며 도시의 풍경은 점점 비슷해졌다. 그 안에서 구조는 더 이상 건축의 언어가 아닌 구축을 위한 하나의 기술로만 머무른다. 이러한 흐름 속에서 철골 아웃프레임은 익숙한 도시 풍경의 질서를 뒤집을 새로운 제안이 될 수 있을까? 성남 분당에 들어선 **HD현대 글로벌 R&D 센터(이하 GRC)**는 철골을 외부로 드러냄으로써 익숙한 풍경을 강하게 흔들어 놓는다. 구조체를 밖으로 밀어낸다는 발상의 전환은 '보이지 않는 구조'라는 전제를 거부하고 구조 자체를 건물의 얼굴이자 메시지로 선언하는 건축적 실험이었다. 아웃프레임은 화려한 제스처가 아니다. 오히려 선과 비례, 접합부와 코너, 빛과 그림자, 도장과 보수처럼 작은 차이들의 총합이다. 그 작은 차이들이 성능과 경험, 정체성과 도시의 풍경을 바꾸는 힘을 가진다. 구조를 감추는 대신, 구조로 말하자는 제안. 그 제안은 기술과 미학이 서로의 영역을 침범하지 않고도 장면을 만들 수 있음을 증명한다.

-
에디터 **박지일**
사진 **김용관**
총괄 코디네이션 **김미화**
자료 제공 니켄세케이, 희림종합건축사사무소, **CNP동양**

감씨(감): 이번 프로젝트에서 철골 아웃프레임 방식을 선택한 이유가 궁금하다. 일반적인 구조 방식과 비교했을 때 어떤 차이를 의도한 것인가?

-

철골 아웃프레임은 구조적 효율을 넘어 HD현대라는 기업의 정체성을 건축적으로 표현하기 위한 전략이었다. 조선업을 기반으로 성장한 '철의 기업'이라는 뿌리를 드러내기 위해, 철을 내부에 숨기지 않고 건물의 얼굴이자 메시지로 제시한 것이다. 기업의 설립 50주년을 기념하고 첨단기술 그룹으로 도약하기 위한 연구 거점으로서, 건물이 도시 속에서 강한 상징성을 갖기를 바랐다. 아웃프레임은 이러한 기업 철학을 직관적이고 시각적으로 드러낼 수 있는 장치이자 동시에 공간 효율성과 환경 성능을 확보할 자연스러운 선택이었다.

감: 아웃프레임 구조가 단순한 기술적 장치가 아닌, 기업의 정체성과도 연결된다는 점에서 건축주와의 의견 조율은 주요하게 고려된 지점이었을 것이다. 어떤 소통 과정을 거쳤나?

-

건축주는 평범한 오피스가 아닌, 그룹의 비전을 담은 상징적 공간을 원했다. 철골을 외부로 드러내는 제안은 불필요한 장식을 배제한 '날것의 건축'이라는 개념과 맞닿아 있었다는 점에서 강한 공감을 얻었다. 그런 까닭에 출발점은 비교적 명확했다. 설계 초기에는 일본의 아웃프레임 사례를 참고해 유지관리와 내화 성능을 고려한 알루미늄 클래딩 적용 방안도 논의됐다. 그러나 건축주는 끝까지 날것 그대로의 철골을 드러내길 원했고, 이는 곧 설계팀이 풀어야 할 기술적 과제가 됐다. 내화 성능 확보, 결로 방지, 마감 품질 보완 같은 문제들을 하나씩 해결하는 과정에서 설계는 점점 구체화됐다. 이 과정에서 중요한 소통 매개가 바로 실물 목업Mock-up이었다. 부재를 실제 크기로 제작해 접합부와 마감 디테일을 직접 검토하면서, 건축주·설계팀·시공사가 같은 장면을 공유할 수 있었다. 이는 디자인 철학과 구현 가능성의 간극을 좁히는 장치이기도 하다. 또한 건축주는 이 건물이 평범한 오피스가 아니라 HD현대의 미래 기술과 철학을 시험하는 테스트베드가 되기를 바랐다. 따라서 구조적 안정성뿐 아니라 에너지 절감·스마트 환경·커뮤니케이션 공간까지 종합적으로 고려해 설계 방향을 조율했다.

CUBE

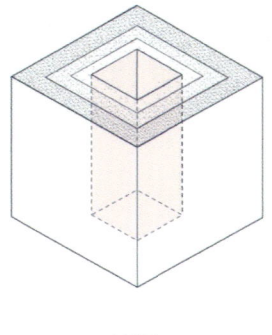

VOID

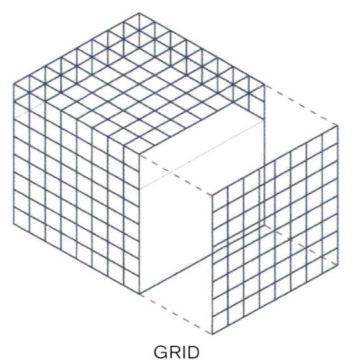

GRID

건물의 주요 콘셉트

감: 철골 단면의 형상과 크기를 결정하는 과정에서 구조와 건축 사이의 조율은 어떤 방식으로 이뤄졌나?
-

철골 단면은 구조적 안정성뿐 아니라 CUBE·VOID·GRID라는 공간 전략과 건축적 미학을 동시에 만족해야 했다. 4.5m 모듈의 CUBE 파사드를 구현하기 위해 구조 엔지니어와 함께 초기 단계부터 CFT[1] 적용을 논의했고, 내화 성능까지 고려한 단면을 설정했다. 폭과 플랜지 두께는 구조 요구가 아닌 시각적 비례를 기준으로 조율됐다. 기본은 25mm, 저층부는 32mm로 증대했으며, 최종 결정은 1:1 목업을 통해 실제 빛과 그림자 효과를 확인하며 확정했다. 이 과정은 한국과 일본 설계자가 긴밀히 협업하며 진행됐고, 언어를 넘나드는 토론 속에서 구조 해석과 디자인 의도를 정교하게 일치해 나갔다. VOID에서는 개방감을 해치지 않도록 단면 위치와 방향을 조정했고, GRID와의 결합부는 무주공간과 설비 배치까지 고려한 통합 설계가 요구됐다. 철골 단면 하나에도 디자인·기술·환경·상징성이 얽혀 있었고, 서로의 가능성을 확장시키는 협업 과정을 통해 하나의 건축적 메시지로 융합될 수 있었다.

감: 철골의 선과 두께, 도장과 질감 등의 디테일은 어떤 기준으로 결정됐나?
-

철골 디테일은 구조적 안정성을 넘어 건물의 조형성과 기업 정체성, 도시 맥락까지 고려해야 했다. 선은 4.5m 모듈의 리듬을 정돈되게 드러내는 방향으로 설정했고, 두께는 구조적 강도와 시각적 비례 사이에서 균형을 찾았다. 도장은 '날것의 건축'이라는 개념을 유지하면서도 내후성과 유지관리성을 확보하는 것이 핵심이었다. 불소수지도장을 적용해 장기적 내구성을 확보했고 질감은 과도하게 매끄럽거나 반짝이지 않도록 조정해 절제되고 중후한 인상을 주도록 했다. 이는 HD현대가 추구하는 강인함과 정직함을 건축적 언어로 구현한 것이다. 또한 입면 유리와의 대비를 고려해 반사율을 낮춰 철골의 질감을 도시 속에서 선명히 드러내면서도 주변과의 충돌을 최소화했다.

감: 일반적인 철근콘크리트구조 방식과 비교했을 때, 경제적 측면에서의 득실은 무엇인가?
-

공사비만 놓고 보면 철골 아웃프레임은 철근콘크리트보다 초기 비용이 높은 구조 방식이다. 특히 외부 노출 철골은 내화·방청 처리를 별도로 해야 하기 때문에 구조비 부담이 크다. 그러나 GRC에서는 공사비가 아니라 건물의 생애 주기 전체 비용을 중심에 뒀다. 무엇보다 이 프로젝트에서는 18m 장스팬 무주공간을 구현해야 했다. 이는 철근콘크리트로는 구현하기 어렵거나 비효율적인 조건이었다. 철골구조 덕분에 층고 4.5m(천장고 3m)를 확보할 수 있었고, 이는 쾌적한 업무 환경과 유연한 오피스 레이아웃을 가능하게 했다. 공간 재구성이나 가구 배치 변경에 따른 비용도 크게 줄어 장기적으로는 오히려 경제성이 높다. 또한 아웃프레임은 구조체이자 차양 장치로서 냉방 부하를 줄여 에너지 절감 효과를 낸다. 외피의 열 부하가 감소하면서 운영비 절감으로도 이어졌다. 시공 측면에서도 CFT 공법을 적용해 정밀 시공이 이뤄지면서 안정성과 완성도를 동시에 확보했다.

시공 전, 접합부 정밀도와 조립 순서를 검증하기 위한 실물 크기 철골 목업

현장 조립 단계에서의 접합부 시공 현장.
사전 제작 부재의 오차를 현장에서 보정하고 구조체의 수직, 수평을 맞추는 결정적인 과정이다.

감: 아웃프레임 접합부를 설계할 때, 내력, 심미성, 유지보수 용이성 중 가장 중점을 둔 부분은 어디인가?
-

접합부는 구조적 연결을 넘어, 건물의 얼굴과 디테일의 완성도를 좌우하는 핵심 요소였다. 무엇보다 고층 외곽을 지지하는 만큼 구조적 안정성이 최우선이었고, 풍하중과 지진하중에 대응하기 위해 정밀한 구조 해석을 바탕으로 고강도 접합 방식을 적용했다. 동시에 파사드의 리듬을 유지하고자 4.5m 모듈이 흐트러지지 않도록 접합부를 최대한 단순하게 정리했고, 선과 면이 자연스럽게 이어지도록 디테일을 조율했다. 마지막으로 외부 노출 구조체의 특성상 유지관리 용이성을 고려했다. 목업을 통해 시공성과 점검 방식을 검증했고, 한국의 기후 조건에 대응할 수 있도록 내구성과 관리 편의성을 확보했다.

감: 고층 시공 시 철골 부재의 뒤틀림이나 좌굴을 방지하기 위한 전략이 있었나? 또 시공 정밀도를 확보하기 위해 어떤 현장 전략을 적용했나?
-

뒤틀림이나 좌굴은 안전성뿐 아니라 건물의 인상에도 직접적으로 영향을 주기 때문에, 정밀도 확보가 핵심 과제였다. 제작 단계에서는 용접 순서와 응력 분산을 철저히 관리해 변형을 최소화했고, CFT 공법으로 강성과 내화 성능을 동시에 확보했다. 현장에서는 철골 수직도를 ±3mm 이내로 유지하며 용접·조립을 진행했는데, 그야말로 조선소 수준의 정밀 시공에 가까운 과정이었다. 또한 실물 목업을 통해 시공 방식을 미리 검증했고, 예상되는 문제를 협업 회의와 시뮬레이션으로 조율했다. 고층 작업 특성상 바람과 온도 변화까지 고려해야 했던 만큼 시공 순서·지지 방식·타이밍을 세밀하게 계획했다. 특히 비렌딜 트러스[2]의 가설 지지 제거 시점에는 스캔과 BIM 데이터 정합을 병행해 설계와 실제 간 오차를 최소화했다.

감: 대형 철골 부재의 제작과 운송, 현장 조립 과정에서 가장 큰 도전 과제는 무엇이었나?
-

대형 철골 부재를 얼마나 정밀하게 제작·운송·조립하느냐였다. 90m CUBE 파사드를 구현하려면 4.5m 모듈로 반복되는 부재 하나하나가 건물의 조형성과 구조 안정성을 동시에 책임져야 했다. 제작 단계에서는 용접 수축과 열 변형 제어가 핵심이었다. 운송 역시 특수 트레일러와 경로 확보가 요구된 까닭에 도심 접근 및 현장 반입 동선을 사전에 시뮬레이션으로 검토했다. 현장 조립에서는 고층 작업 특성상 정밀한 위치 설정과 안전 확보가 중요했다. 오차는 파사드의 시각적 불균형으로 직결되는 만큼 첨단 측량 장비와 임시 지지 구조를 활용해 단계적으로 설치했다. 특히 VOID와 GRID에 연결되는 부재는 공간의 흐름과 설비 배치까지 좌우되므로 구조·건축·설비 간 협업이 필수였다.

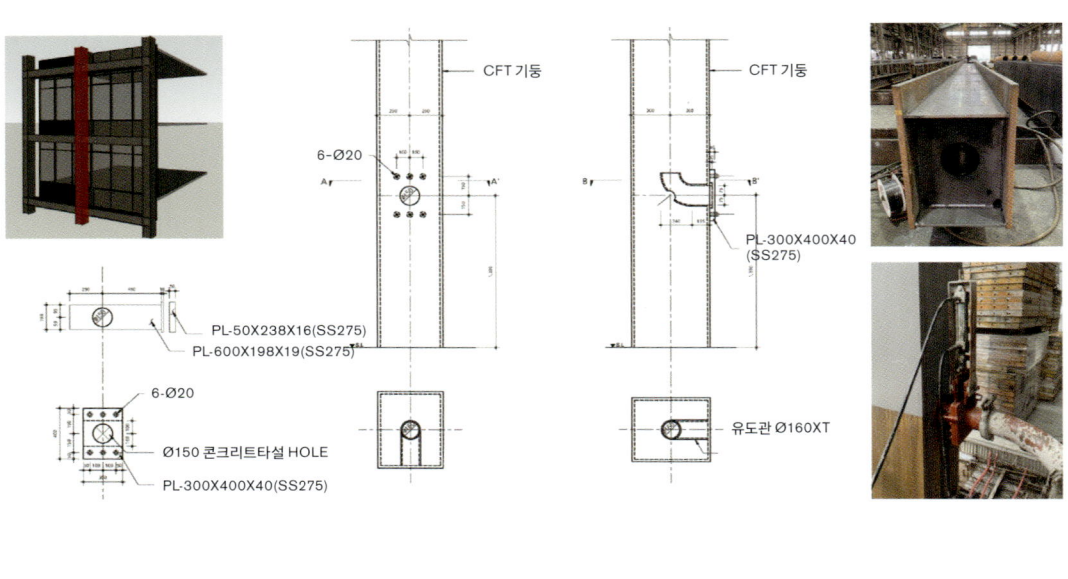

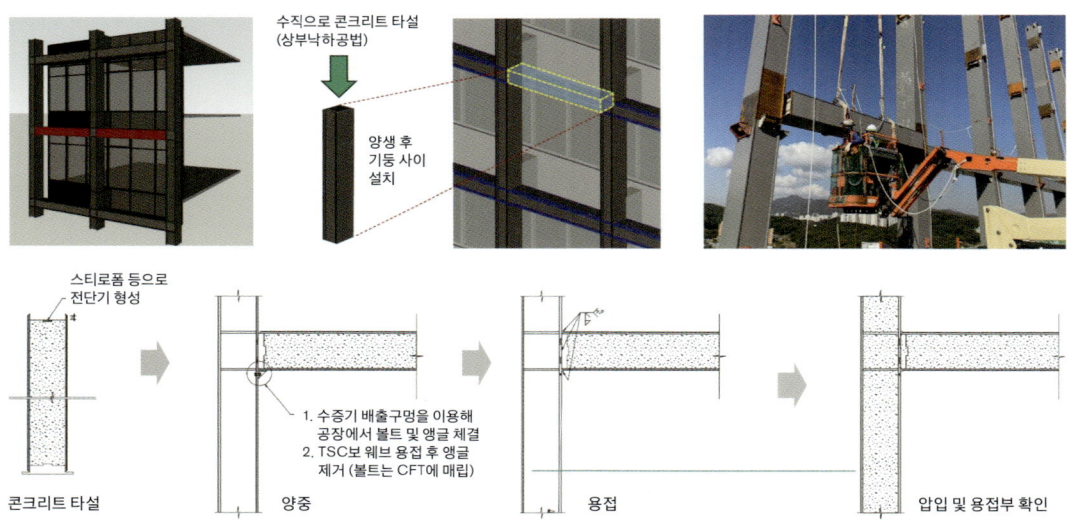

CFT 기둥 내 콘크리트 타설 및 접합 디테일

감: 설계, 구조, 시공 등 각 파트에서 가장 치열하게 논의된 지점이 있다면? 심미성, 설비 효율성, 시공 안정성 등, 각 영역에서 서로 다른 우선순위가 있었을 것 같다.

-

질문 그대로 모든 분야에서 치열한 협의가 있었다. 그 중 심미성과 구조적 안정성의 균형이 중요하게 고려됐다. 4.5m 모듈의 아웃프레임은 구조적 성능만이 아닌 선의 정돈감·접합부 디테일·도장 질감까지 건축적으로 완결돼야 했고, 이를 위해 건축가와 구조엔지니어가 반복적으로 의견을 조율했다. 설비 측면에서는 모든 덕트와 배관을 보를 관통하도록 설계해 층고를 확보하는 것이 큰 쟁점이었다. 이는 일본에서는 일반적이지만 한국에서는 구조 안정성과 시공 가능성에 대한 우려가 컸기 때문에 수많은 협의와 검증이 필요했다. 실제로는 CFT 기둥 압입 타설, 비렌딜 트러스 가설 지지 제거 전후의 스캔·BIM 데이터 정합 등을 통해 안정성을 확보했다. VOID 공간에서는 수직적 개방성과 소통을 강조하는 건축적 목표와 구조·설비 요구가 충돌했다. 커뮤니케이션 데크의 설계 과정에서 세 분야의 협업이 끊임없이 이어졌고, GRID 시스템에서도 복사 냉난방과 천장 슬릿 조명 같은 설비 요소를 구조와 통합하는 데 많은 논의가 있었다.

감: 공장에서 제작하고 현장에서 조립하는 철골구조는 소형 건축물에서 공사 기간 단축과 비용 절감에 효과적이라고 알려져 있는데, 이번 프로젝트에서는 어땠나?

-

연면적 17만 ㎡ 규모의 초대형 시설이었기 때문에 시공 효율성과 품질 관리가 무엇보다 중요했다. 일반적인 소형 철골 건축보다 훨씬 복잡했지만 '공장 제작 + 현장 조립'의 장점은 분명히 발휘됐다. 철골 부재는 대부분 현대제철 계열 공장에서 사전 제작해 정밀 품질 관리가 가능했다. 현장에서는 넉넉한 부지 조건 덕분에 대형 크레인을 효율적으로 배치해 18m 무주공간을 빠르게 조립할 수 있었고, 고층임에도 공사 기간 단축 효과를 얻을 수 있었다. 또한 콘크리트와 달리 양생 기간이 필요 없고 기후 영향을 덜 받는 만큼 겨울철에도 일정한 속도를 유지할 수 있었다.

감: 철골이 외부에 노출된 경우, 일반적인 내화 피복으로는 심미적 표현에 한계가 있다. 이번 프로젝트에서는 어떤 내화 시스템을 적용했나?

-

정확한 지적이다. 일반적인 내화 피복 방식으로는 의도했던 바를 제대로 표현할 수 없었다. 그래서 한국 최초로 성능기반 내화 설계[3]를 도입해 기술적 안전성과 심미적 완성도를 동시에 확보했다. 기존 방식이라면 3시간 내화 기준을 충족하기 위해 두꺼운 피복재가 필요했지만, 이는 '날것의 건축'이라는 개념에 어긋났다. 대신 4가지 화재 시나리오(실외 표준 화재, 트럭 화재, 실내 화염 분출, 실내 업무시설 화재)를 설정해 정밀 해석을 진행했고 이를 토대로 1층 CFT 기둥은 내부 보강으로, 3층 이상의 부재는 무피복 상태에서도 기준을 만족하도록 설계했다.

감: '성능'의 관점에서 내화 설계는 '사양'과 달리 3시간만 버티면 된다는 기준만 충족하면 된다. 기준이 구체적으로 제시된 만큼, 이번 프로젝트의 내화 성능 확보 과정은 다소 달랐을 듯하다. 어떤 점을 주로 고려했나?

-

프로젝트의 핵심은 사양 중심에서 성능 중심 설계로의 전환이었다. 철골이 바깥으로 드러난 만큼, 두꺼운 피복재를 적용하는 방식으로는 디자인 의도를 유지하기 어렵다고 판단했다. '3시간 내화'라는 최소 기준을 단순히 피복으로 충족시키는 대신 건물의 위치·환경·화재 시나리오별 하중을 분석해 구조적으로 대응하는 방식을 선택했다. 앞선 질문에 답변한 4가지 화재 시나리오가 그 사례다. 열역학적 시뮬레이션과 구조적 응답 분석을 병행한 고도화된 설계 전략이기도 하다.

감: 한국은 부재 자체의 내화 성능보다는 별도의 내화 피복에 의존하는 사양 중심 기준을 요구한다. 제도적으로 어떤 개선이 필요하다고 보는가?

-

국제적으로는 성능기반 설계가 이미 보편화된 방식이지만 한국에서는 아직 인식이 부족하다. 다행히 2019년 개정된 KDS 14 내화설계 기준과 강구조학회의 성능기반 내화설계 지침이 마련되어 기술적 토대는 갖춰졌다. 하지만 실제 인허가 과정에서는 행정 절차와 검증 부담이 여전히 크고, 이를 제도적으로 승인할 전문성도 충분히 확보되지 않은 상황이다. 앞으로는 '몇 mm의 피복'이 아니라 어떤 조건에서 얼마만큼의 성능을 발휘할 수 있는지를 기준 삼는 방향으로 전환해야 한다. 이를 위해서는 행정적 유연성과 명확한 인허가 기준 그리고 건축가·구조 엔지니어·방재 전문가가 함께 머리를 맞댈 수 있는 제도적·교육적 지원이 필요하다.

감: 노출된 철골은 시간이 지남에 따라 풍화나 변색이 불가피하다. 이에 어떻게 대응하고자 했나?

-

재료 특성상 산화·변색·풍화의 발생을 동시에 고려해야 했다. 내구성을 고려해 불소수지도장을 적용했는데, 이 방식은 자외선·습기·온도 변화에 강하면서도 장기적으로는 외관을 균일하게 유지시킨다. 색상과 질감은 HD현대의 이미지에 맞춰 중후하면서도 절제된 인상을 자아내도록 구현했다.

유지관리 측면에서는 접합부와 도장면 점검이 용이하도록 루트를 확보하고 균열이나 박리 현상을 조기에 발견할 수 있는 체계를 마련했다. 물론 외부 구조의 특성상 일부 구간은 접근이 어렵지만 점검 계획을 설계 단계에서부터 고려해 관리 가능성을 높였다. 또한 지역의 큰 일교차에 대응하기 위해 접합부와 마감 디테일은 열팽창 및 수축에 따른 스트레스를 흡수하도록 설계했고 도장 시스템 역시 균열 방지 성능을 지닌 고탄성 소재를 채택했다.

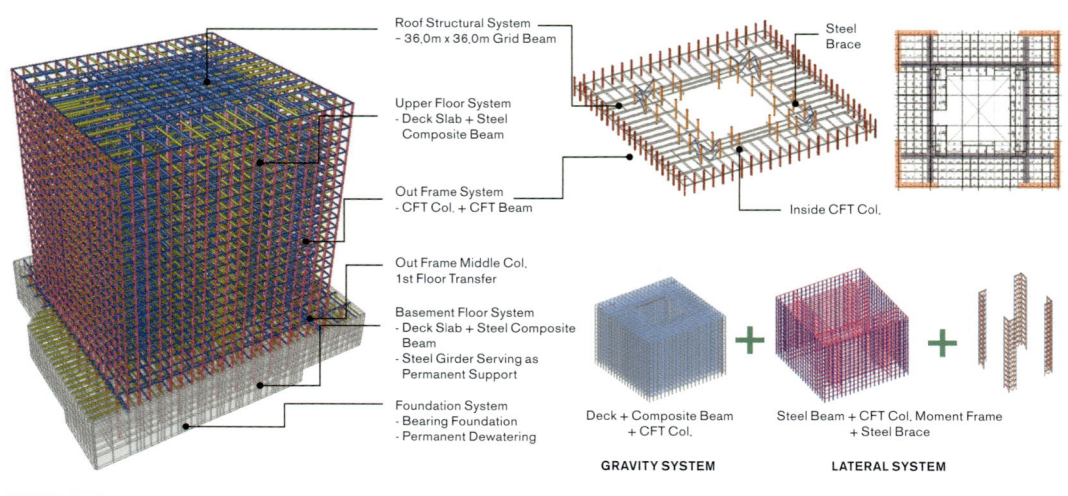

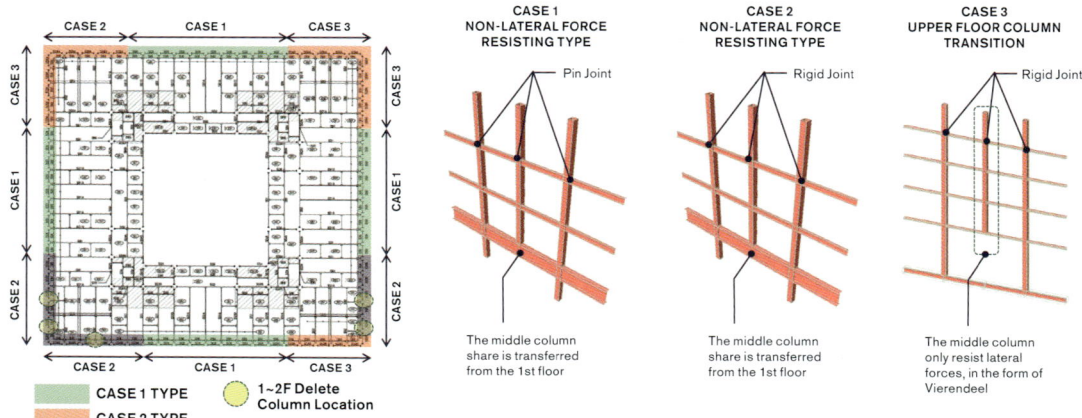

아웃프레임의 구현화

감: 고온다습, 한랭건조한 한국의 극단적인 기후는 아웃프레임 구조 성능에 직접적인 영향을 미치는 요소다. 장기적으로 볼 때, 기후 변화가 노출 철골에 미칠 영향을 어떻게 예측했나?
-

한국의 사계절 기후는 극단성을 지니고 있어 노출 철골구조에 상당한 부담을 준다. 그에 따라 설계 초반 단계에서부터 반드시 대응해야 할 구조적 변수로 보았다. 우선 계절별 온도 차로 인한 열팽창과 수축에 대응하기 위해 접합부 디테일을 유연하게 설계했다. 구조적 스트레스를 흡수할 수 있는 여유를 두고 도장 역시 균열 방지 기능을 갖춘 불소수지도장을 적용해 외부 충격을 최소화했다. 자외선, 습기, 산성비, 미세먼지 등의 환경 요인까지 고려해 장기적인 내구성을 확보한 것이다.

하루하루의 날씨에 대응하는 것에서 나아가 기후 변화 시나리오까지 검토했다. 미세먼지 증가, 강우 패턴 변화, 태풍 강도 상승 같은 리스크를 가정해 재료와 디테일을 점검했고, 유지관리 계획에도 반영했다. 외부 점검이 어려운 부분은 보수와 모니터링이 가능하도록 설계 단계에서 루트를 마련했다.

감: 아웃프레임이 내부 공간의 개방성과 가변성을 가능하게 했을 때, 어떤 프로그램에 영향을 끼쳤다고 보는가?
-

철골 아웃프레임은 내부 공간의 성격을 근본적으로 바꿨다. 18m 무주공간이 가능해지면서 워크스페이스에 가구를 다양하게 배치하며 자율좌석제를 운영할 수 있게 됐고, 이는 공간 이용자의 업무 효율성과 만족도를 모두 높였다. 특히 중앙의 VOID와 연동된 커뮤니케이션 데크는 층과 층을 연결하며 수직적 소통을 활발하게 하는 플랫폼으로 기능한다.

탕비실과 OA실, 폰부스 등의 지원공간 또한 유연하게 재배치할 수 있어, 업무 환경이 정해진 틀에 갇히지 않고 변화에 대응할 수 있는 구조가 됐다. 회의실 중심의 경직된 커뮤니케이션에서 벗어나 틀에 갇히지 않고 유연한 협업 문화가 자리잡을 수 있었다. 궁극적으로 내부 공간의 개방성과 가변성을 확보함으로써 일하는 방식과 조직 문화 자체에 영향을 끼친 요소로 작동했다고 볼 수 있다.

감: 주요 구조가 외부로 밀려나면서, 실내의 개방감과 시각적 경험은 어떻게 달라지길 유도했나?
-

구조를 외부로 밀어내 내부에 무주공간을 구현함으로써 공간 체험 방식 자체를 바꾸고자 했다. 기둥이 사라진 실내는 어느 방향으로든 시야가 막히지 않는 개방감을 제공했고 이는 심리적 안정감과 쾌적성을 높였다. 특히 5층부터 20층까지 이어지는 중앙 보이드와 커뮤니케이션 데크는 수직적 시각 연속성을 형성하며 건물 전체를 하나의 열린 공간처럼 경험하게 한다. 보이드는 빛과 바람의 통로로 작동해 자연광과 환기를 실내 깊숙이 끌어들였고, 덕분에 대형 오피스에서 흔히 발생하는 어두운 코어 공간 문제를 해소할 수 있었다.

감: 한국의 도시 풍경에서 흔히 볼 수 있는 커튼월 파사드와 비교했을 때, 어떤 차별성이 있나?
-

커튼월 파사드와는 달리, GRC는 철골을 밖으로 드러내 구조와 외피를 하나의 건축언어로 통합했다. 이 파사드는 그저 외장재가 아니라, 건물을 지지하는 구조체이자 일사를 차단하는 기능적 장치인 동시에 기업의 정체성을 표현하는 상징적 요소다. 커튼월이 보이지 않는 구조를 전제로 한다면, 아웃프레임은 보이는 구조이자 드러내는 진실성을 추구한다. 구조가 감춰지지 않고 그대로 드러나면서, 파사드의 리듬과 깊이는 건축의 표정이 된다. 또한 아웃프레임은 여름철에는 차양 역할을 해내면서도 유리의 반사율은 9% 이하로 설정함으로써 인접 지역에 발생할 수 있는 빛 반사 문제도 최소화했다.

감: 이 프로젝트가 한국 건축계의 담론에서 지니는 실험적·비평적 가치는 무엇이라고 보는가?
-

구조적 진실성을 드러낸 건축물이라고 강조하고 싶다. 한국의 도시 건축이 오랫동안 커튼월이라는 익명적 외피를 반복해 왔다면, GRC는 철골을 외부로 노출해 건축의 본질을 시각적으로 드러냈다. '날것의 건축'이라는 개념을 실제 도시 풍경에서 구현한 점에서 중요한 실험이라 할 수 있다. 또한 철골이 기업 정체성과 도시를 매개할 수 있음을 보여준다. 기술적 실험도 빼놓을 수 없다. 성능기반 내화 설계, 고내후성 도장, 복사 냉난방과 직류 배전 시스템까지. 이 건축이 기술의 테스트베드로 작동할 수 있다는 사실을 입증했다. 공간을 담는 데서 나아가, 기술을 시험하고 확산시키는 플랫폼으로 기능한 셈이다.

마지막으로, 보이드와 커뮤니케이션 데크를 중심으로 한 소통 구조는 조직 문화를 공간적으로 구현한 실험이다. 폐쇄적 사무 환경에서 벗어나 자율성과 창의성을 끌어내는 새로운 업무공간 모델을 제시했다는 점에서 비평적 의미가 있다.

결국, 이 프로젝트는 기술·디자인·브랜드·도시성·조직 문화를 동시에 다루며, 한국 건축이 구조와 상징, 기능과 철학이 교차하는 지점을 탐색할 수 있음을 보여준 중요한 사례라고 생각한다.

1) CFT Concrete Filled Tube: 강관 내부에 콘크리트를 충전한 합성구조로, 강관의 인장강도와 콘크리트의 압축강도를 함께 활용해 단면 효율과 내화성을 높인 구조 방식.

2) 비렌딜 트러스: 수직재와 수평재로 이루어진 직사각형 격자형 트러스 구조. 일반적인 삼각 트러스와 달리 부재의 휨강성 bending rigidity으로 하중을 지지한다. 볼트나 용접으로 접합된 각 부재가 모멘트 저항 moment-resisting frame을 형성하여, 개방된 형태의 큰 개구부를 구현할 수 있다는 점이 특징이다. 주로 파사드나 복층 구조의 개방감을 확보하면서도 구조적 안정성을 유지해야 하는 건축물에 사용된다.

3) 성능기반 내화 설계 Performance-Based Fire Engineering, PBFE: 기존의 획일화된 내화 기준(시간 중심의 내화 등급)에서 벗어나, 건축물의 실제 화재 시 거동과 구조 성능을 과학적으로 예측·검증하는 방식의 내화 설계 기법이다. '몇 시간 버티는가'가 아니라 '화재 시 구조체가 요구 성능을 유지하는가'를 평가 기준으로 삼는다. 구조·재료·화재 하중·피난 조건 등을 시뮬레이션이나 해석을 통해 종합적으로 검토하며, 건물의 용도·규모·피난 전략에 맞는 합리적 내화 성능 확보를 목표로 한다.

김미화
니켄세케이 글로벌 디자인 그룹 어소시에이트. 일본 1급 건축사다. 한국에서 정치외교학을, 일본 타마미술대학(Tama Art University)에서 건축을 공부하고 2010년 니켄세케이에 입사했다. 현재 일본과 한국을 오가며 도시·건축설계를 담당하고 있다. 일본건축학회 회원, 한국건축가협회 회원, 대한건축학회 회원이다

백종훈
희림종합건축사사무소 건축3본부 수석. 한양대학교 건축학과를 졸업하고 동 대학원을 수료한 후, 송재호 건축사사무소에서 실무를 익혔다. 2006년부터 희림종합건축사사무소에 재직하며 다수의 디자인, 실시설계 프로젝트를 해오고 있다.

이지민
희림종합건축사사무소 건축3본부 책임. 프랑스 국립건축학교 파리발드센에서 학사 및 석사 졸업을 하고 켄고 쿠마 앤드 어소시에이츠 파리지사에서 실무를 쌓은 후 국내로 귀국했다. 2015년 희림종합건축사사무소에 입사해 현재까지 근무 중이다.

이지웅
HD한국조선해양 자산기획부문 사업관리팀 책임. 서울대학교 건축학과를 졸업하고 동 대학원 석사를 졸업한 후, 2011년 HD현대에 입사했다. 국내외 플랜트공사 철골설계 및 나로호 발사대 건축설계 업무를 담당했다.

정광량
CNP동양 대표이사다. 현대건설, 동양기술개발공사를 거쳐 CNP동양 (구, 동양구조안전기술)을 설립했다. 국내 유일 CTBUH Fellow이며 한국건축구조기술사회 회장, 한국CTBUH 회장을 역임하고 현재 한국공학한림원 회원이다.

유성훈
2000년 동양구조안전기술에 합류해 국내외를 넘나들며 초고층 구조설계를 수행해 왔다.

High-rise

철골 시스템으로 완성한 초고층: PARC ONE

삼우종합건축사사무소, CNP동양, 포스코이앤씨

2개의 오피스 타워, 호텔, 그리고 대규모 리테일(더현대 서울)로 이루어진 PARC ONE(이하 파크원)은 총 6만 톤이 넘는 철강재가 투입된 국내 최대급 철골 프로젝트로 기록된다. 파크원의 가장 두드러진 특징은 철골구조의 적극적 노출이다. 오피스 타워 외관을 지탱하는 메가칼럼과 메가브레이스는 구조를 넘어 건축의 얼굴로 기능하며, 도시적 스카이라인 속에서 구조와 미학이 결합된 상징성을 드러낸다. 반면 리테일 건물을 덮은 방패연 구조는 세계적으로 유례없는 장스팬 무주공간을 구현하며, 기술적 모험이 어떻게 공간적 경험으로 환원될 수 있는지를 증명한다. 파크원 설계를 맡은 삼우종합건축사사무소와 구조 설계를 담당한 CNP동양과 함께, 초고층 철골 건축이 직면한 기술적 도전과 그 해결 과정을 살펴보고자 한다. 철골이라는 재료가 어떻게 한국 초고층 건축의 미래를 규정하고, 또 어떤 한계를 드러내는지, 그 치열한 공학적·건축적 협업의 이야기를 들어본다

-
에디터 **박지일**
사진 **홍성준**
자료 제공 **삼우종합건축사사무소, CNP동양**

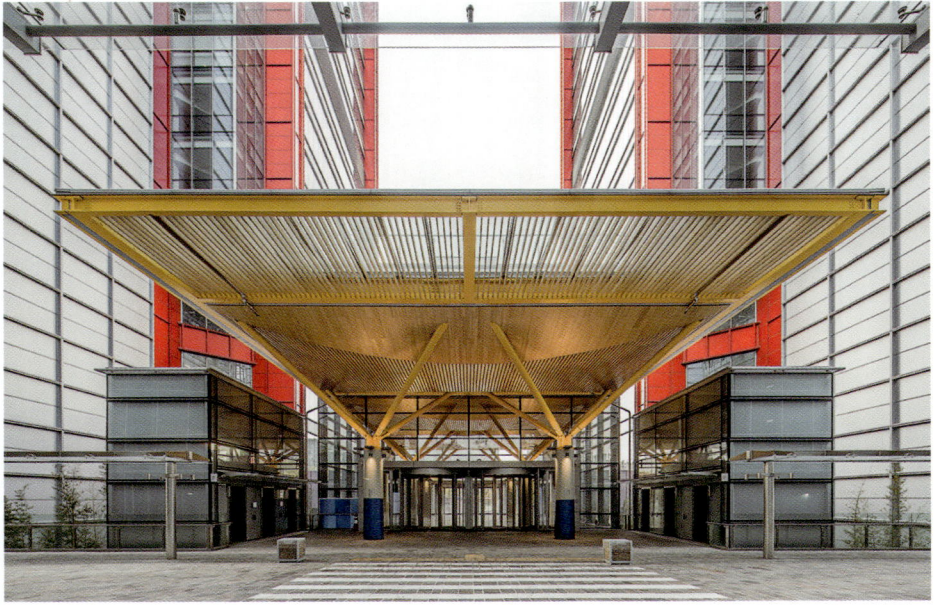

감: 최종적으로 지금의 구조가 선택된 과정이 궁금하다. 구조에 대한 어떤 검토가 있었나?
-
파크원의 구조시스템은 초기 구상 단계에서부터 다양한 가능성이 검토됐다. 2004년 노먼 포스터Norman R. Foster의 거킨 빌딩The Gherkin이 완공되며 전 세계적으로 다이아그리드Diagrid 시스템1)이 주목 받았고, 파크원 역시 같은 구조엔지니어링 회사인 아룹Arup이 다이아그리드 적용을 제안하기도 했다. 그러나 곡선을 강조하는 다이아그리드 시스템은 파크원의 주요 설계자인 리처드 로저스Richard Rogers가 선호하는 직선적 조형 언어와는 다소 거리가 있었다. 무엇보다 임대 사무실이라는 기능적 조건과 수익형 개발 사업의 경제성을 고려했을 때 공간 효율성과 초기 투자비 부담이 중요한 결정 요인으로 작용했다. 프로젝트 초기에 다양한 타워 형태와 횡력 저항 시스템이 논의되었으나, 최종적으로는 아웃리거 시스템2) 없이도 충분한 횡력 저항 성능을 확보할 수 있는 메가칼럼mega-column과 메가브레이스mega-brace 방식이 채택됐다. 이는 초고층 건축의 안정성과 효율성을 동시에 달성하기 위한 전략적 선택이었다.

감: 오피스 타워의 수직적 리듬과 매스를 강조한 입면이 인상적이다. 이는 철골구조와 어떤 방식으로 연결됐나?
-
오피스 타워에서 가장 눈에 띄는 구조 장치는 메가칼럼과 메가브레이스다. 메가칼럼은 건물 모서리에서 두 개로 분절된 뒤 수평의 격자형 보ladder frame beam로 연결되며 단면을 줄였음에도 외관에서는 오히려 더 강렬한 수직성을 드러낸다. 이 부재는 파사드 외부로 노출되어 리듬을 형성하고 알루미늄 복합패널로 마감되어 날카로운 인상을 남긴다. 반면 메가브레이스는 커튼월 내부에 배치되어 빛과 시선의 각도에 따라 드러났다가 사라지기를 반복한다. 여기에는 저철분 투명유리를 적용해 구조적 존재감을 강조했다.

리테일 건물은 방향이 다르다. 약 60m×60m 크기의 방패연 모양 지붕 유닛 세 개를 적용해 무주공간을 구현했다. 설계와 시공이 병행되는 과정에서 반복적인 대안 검토가 이어진 결과, 철골 물량을 약 4분의 1로 줄이면서도 강성을 1.5배 높인 구조안이 완성됐다.

내부에서는 테프론 마감의 방패연 천장 사이의 천창을 통해 자연광이 유입되며 공간에 리듬이 만들어진다. 지붕은 대각선 방향의 프라이머리 트러스가 교차하는 1차 구조를 이루고 그 둘레에 2차·3차 트러스가 겹겹이 얹히는 방식이다. 네 모서리 크레인으로 지지된 이 구조는 외부는 불소수지 도장, 내부는 우레탄 도장으로 마감해 디테일을 그대로 드러냈다.

다만 메가칼럼을 수직적 디자인 요소로 활용하는 방식은 철골만의 특징이라 보기는 어렵다. 많은 콘크리트 건물에서도 거대한 기둥이 같은 역할을 하고 있으며, 실제로 파크원의 메가칼럼 역시 콘크리트 내부에 철골을 삽입한 합성기둥이다.

파크원이 여타 프로젝트와 차별되는 지점은 구조 형식의 선택이 아니라, 철골과 콘크리트의 경계를 넘나들며 미학적 장치와 공간적 효율을 동시에 추구했다는 점에 있다.

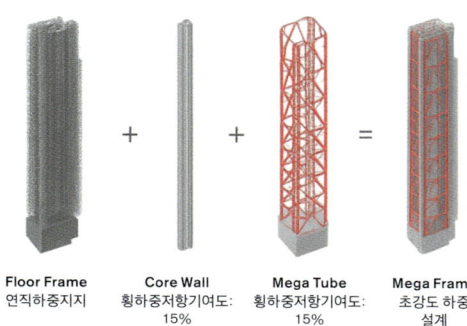

Floor Frame
연직하중지지

Core Wall
횡하중저항기여도: 15%

Mega Tube
횡하중저항기여도: 15%

Mega Frame
초강도 하중 설계

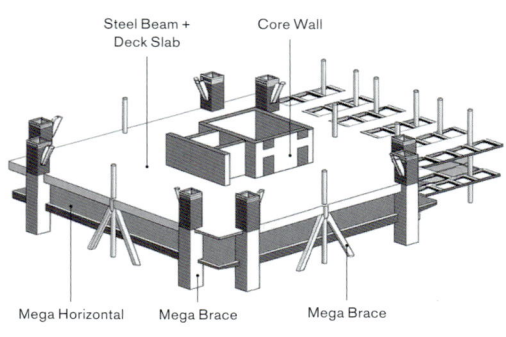

연직방향하중(고정하중 및 활하중)은 Floor Frame이 지지하고 수평방향하중(풍하중 및 지진하중)은 내부 RC Core Wall이 약 15%, 외부 Mega Tube가 약 85%의 비율로 분담하여 지지한다.

초강도 하중 설계로 높은 안전성을 자랑한다.

감: 구조적 디테일(접합부, 보-기둥 연결, 아웃프레임 등)이 건축적 표현으로 드러난 점이 있다면?
-

오피스 타워 사이의 파빌리온은 구조적 디테일을 가장 직접적으로 드러내는 공간이다. 철골 튜브와 노출콘크리트를 간결하게 조합해 프레임과 접합부가 그대로 드러나도록 계획했고, 마감에서는 파크원의 상징색인 빨강이 아닌 노랑을 사용해 대나무 패널과 어울리게 했다. 오피스 로비 또한 구조적 장치가 공간 경험으로 이어지는 사례다. 1층과 지하 1층을 오픈해 트윈데크 엘리베이터를 배치하면서 메가칼럼과 메가브레이스가 로비 공간 속에 직접 노출되어 강렬한 인상을 준다.

　구조가 가장 노골적으로 드러나는 곳은 리테일 건물의 지붕이다. 외부에서는 크레인과 파사드의 텐션 케이블이 파크원을 상징하는 이미지로 작동하며 내부에서는 지붕 트러스와 크레인 접합부가 방패연 패턴의 마감과 결합해 시각적 언어를 형성한다. 호텔 영역에서는 트랜스퍼 칼럼3)이 외부로 드러나지만, 오피스 타워와 동일하게 복합패널로 마감해 일관된 표정을 유지했다. 이러한 구조 노출은 리테일 건물에서도 흥미로운 방식으로 나타난다. 지붕 구조를 지지하는 옥상에는 8개의 크레인 구조가 조형적 장치로 배치되어 있다. 이는 구조시스템을 이용한 옥상 조형물로, 일반 방문객에게는 접근이 제한되지만 호텔에서는 예술 작품처럼 감상할 수 있는 장치가 된다. 오피스 타워가 구조적 디테일을 도시와 일상 속 경험으로 끌어들였다면, 리테일 건물은 구조를 조형화해 특정 시선에서만 드러나도록 설계한 것이다.

감: 구조시스템을 빨간색으로 강조한 것도 인상적이다. 특별한 이유가 있나?
-

리처드 로저스의 하이테크 건축에서 빨강, 노랑, 파랑, 초록은 반복적으로 등장하는 색상이다. 파크원 파사드 디자인 과정에서도 이 색상이 자연스럽게 검토됐다. 그 과정에서 우리나라의 전통 요소인 '단청'을 구성하는 색에 대한 설명을 제공했을 때 로저스 팀이 강하게 반응했고, 이를 로컬의 건축 개념으로 수용하고자 했다. 한국을 대표하는 장면들 속에서도 빨강은 강렬하게 자리매김하고 있다. 2002년 한·일 월드컵을 뜨겁게 달궜던 국내 응원단 '붉은악마'의 상징색도 빨강이지 않은가. 대중적 상징으로 기능하기도 하고 태극과 유니온잭의 색상 체계 역시 빨강을 중심에 두고 파랑이 조화를 이루는 구조다. 그런 맥락을 따라 오피스 타워 파빌리온과 로비에는 파랑과 노랑이 보조색으로 사용됐고 이 초기 스케치는 준공 때까지 큰 변화 없이 이어졌다.

　리테일 파사드 단계에서는 초록을 부분적으로 적용하는 대안도 검토됐지만, 최종 주조색은 빨강으로 확정됐다. 특히, 빨강은 유럽 코드인 RAL 3020 Traffic red(트래픽 레드)를 사용했다. 프로젝트마다 현지에서 적용 가능한 색상 코드를 신중히 협의해 결정하는데, 파크원에서는 빨강이 단순한 색상을 넘어 구조와 정체성까지 드러내는 언어로 작동했다.

감: 초고층·호텔·리테일 등 각기 다른 프로그램의 필요조건을 조율하는 과정에서 가장 충돌이 많았던 지점은?
-

부지 규모가 약 300m×150m에 달하다 보니 마스터플랜 단계에서 오피스·리테일·호텔 건물을 구분하고 상호 동선을 연계하는 방식으로 조닝을 확정했다. 이 때문에 건물 간 구조적 간섭은 거의 없었다. 오히려 가장 어려웠던 충돌은 내부보다 외부, 즉 인허가 과정에서 발생했다. 2006년 당시 파크원은 국내 최고층 건물이자 연면적 약 20만 평에 달하는 대규모 복합개발 사업이었고 기존 법 체계만으로는 대응하기 어려운 기술적 과제들이 있었다. 대테러 구조, 당시로서는 낯설었던 성능 위주 소방, 국내 최초로 도입하는 Refuge Area(피난안전구역), Life Boat(피난용 승강기), 더블데크·트윈데크 엘리베이터 등이 모두 서울시와의 협의 과정에서 조율됐다. 이 논의들은 결과적으로 서울시 초고층 가이드라인을 마련하는 데 중요한 참고가 됐다.

각 건물별로도 고유한 구조적 과제가 있었다. 오피스 타워는 공간 효율과 수직·횡력저항을 동시에 만족시키는 시스템과 디테일이 핵심이었다. 리테일은 방패연 모양 장스팬 지붕 구조의 거동movement을 최소화하는 것이 과제였다. 호텔은 상업지역에 위치하면서도 인접 주거지의 일조권을 확보해야 했기 때문에 최소 부지와 높이 제한 속에서 요구된 프로그램을 수용할 수 있는 구조 해법이 필요했다.

최근의 초고층 건물들이 하나의 매스 안에 사무실·주거·호텔·리테일 등 다양한 용도를 수용하는 '복합 용도형'으로 진화하는 것과 달리, 파크원은 기능별 건물을 완전히 분리한 것이 특징이다. 각 건물은 독립적으로 서 있지만, 지하 구조는 공유되어 있어 주차장과 관리·관제시설의 분리 문제만이 협의의 과제로 남았다.

감: 오피스 외부 메가칼럼은 파사드 디자인 및 내부 공간 계획에 동시에 작동한다. 구조적 장치와 디자인 요소 중 어디에 더욱 가까운가?
-

설계 초기부터 파사드 디자인과 구조시스템을 별개로 다루지 않았다. 구조엔지니어가 구조 대안별 파사드 스케치를 건축팀에 제안할 정도로 협업이 촘촘했던 만큼 최종 메가칼럼은 구조적 장치인지, 디자인 요소인지 단정하기 어려운 하이브리드 성격을 지닌다. 다만 발주처 요구를 최대한 반영해야 했던 프로젝트의 성격상, 임대 오피스의 평면 효율을 극대화하는 박스형 매스를 택해야 했다. 이러한 결정에서부터 알 수 있듯이 결과적으로는 건축적 의도가 한 걸음 앞섰다고 볼 수 있다. 이는 초고층 디자인이 본질적으로 수직성을 요구한다는 상식과도 맞닿는다.

수직성을 강조하는 방식은 대체로 두 갈래다. 하나는 서울 강남구 타워팰리스처럼 커튼월의 멀리언 리듬[4]을 이용하는 방법이고, 다른 하나는 구조 기둥 자체를 외관의 '수직 레지스터'로 삼는 방법이다. 중국의 핑안 파이낸스 센터, '차이나 준'으로 불리는 베이징 CITIC 타워, 텐진 골딘 파이낸스 117 등은 메가칼럼과 메가브레이스, 다이아그리드 시스템을 외장 언어로 전면화해 수직적 이미지를 강화한 대표 사례다. 파크원은 이 두 경향을 교차시킨다. 코너의 메가칼럼을 분절·노출해 파사드의 수직 리듬을 만들면서(디자인), 동시에 코어와 함께 횡력에 대응하는 1차 골격(구조)으로 작동하게 한 것이다.

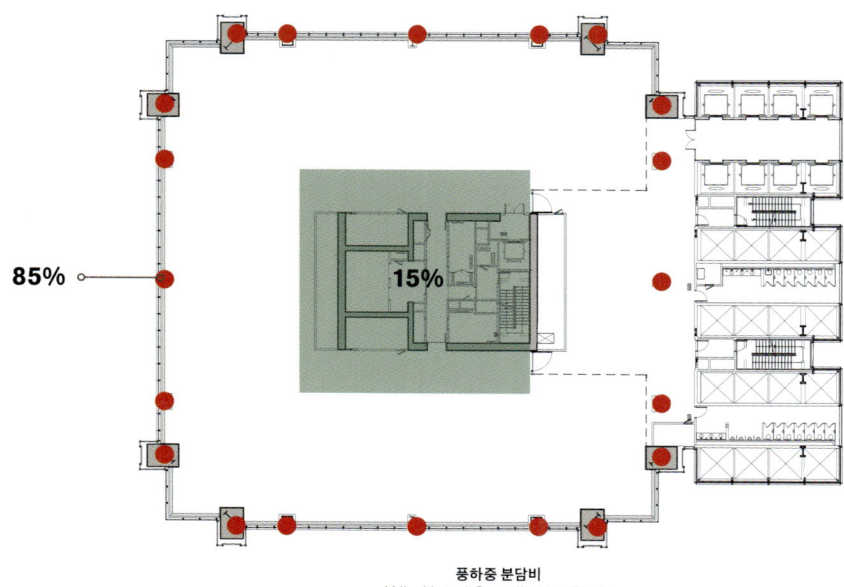

풍하중 분담비
Wind Load Contribution Ratio

중력하중 분담비
Gravity Load Contribution Ratio

하중 분담 구조 설계
· 외부 Mega Tube가 바람의 영향에 대하여 풍하중 85% 분담, 하중 영향에 대하여 중력하중 59.5% 분담
· 내부 코어로 풍하중 15%, 중력하중 28.7% 분담
· 내부 코어 하중분담률이 낮아 넓은 무주공간 실현 가능

감: 기존의 튜브 구조와 비교했을 때, 메가칼럼과 메가브레이스가 지닌 차별점은 무엇인가?
-

튜브 구조는 초고층 시스템에서 가장 효율적인 방식으로 알려져 있지만, 기본적으로는 매우 촘촘한 기둥 간격을 요구한다. 일례로 뉴욕 세계무역센터의 경우 약 1m 간격으로 기둥이 배치되었는데, 이는 내부 공간에서 개방감을 크게 제한한다. 사무실 용도라면 문제가 덜하지만, 주거·호텔 프로그램에서는 시각적 개방성이 전혀 확보되지 않는다는 한계가 있었다. 이를 보완하기 위해 브레이스 튜브 구조가 시도되었지만, 시간이 흐르면서 제작·운송 기술이 발전하면서 훨씬 큰 부재를 다룰 수 있는 '메가스트럭처 시스템'으로 진화했다. 메가칼럼과 메가브레이스는 이러한 맥락에서 기존 튜브 구조의 밀집성을 탈피해, 대형 부재로 구조 효율성과 공간 개방성을 동시에 달성하는 방식이라 할 수 있다.

감: 초고층에서의 철골구조는 외관의 심미성뿐만 아니라 실내 공간의 유연성에도 영향을 준다. 공간의 가변성을 확보하기 위한 전략은 무엇이었나?
-

메가칼럼은 사각 평면의 코너 끝에 단일로 두지 않고 코너 양쪽에 쌍으로 배치했다. 이로써 칼럼의 크기를 줄이는 동시에 코너 공간을 비워내 조망 프리미엄을 제공할 수 있었고, 두 칼럼은 수평의 격자형 보로 연결됐다. 메가브레이스는 초기 X자 형태에서 역 V자형 쉐브론으로 발전했는데, 이는 흔히 보이는 X 브레이스 파사드의 상투성을 피하면서도 내부에서 외부로의 조망을 방해하지 않기 위한 선택이었다. 구조적으로는 상부 중력하중을 양쪽 하부로 자연스럽게 분산시키는 동시에 브레이스와 메가칼럼 접합부를 다섯 곳에서 세 곳으로 줄여 시공성을 크게 개선했다. 내부 공간계획 역시 가변성이 핵심이었다. 코어 주변은 일반 사무하중(4.0kPa)보다 높은 7.5kPa를 적용해 복도·창고·서고 등 다양한 프로그램을 수용할 수 있도록 했으며, 오피스 폭은 약 15~16m로 설정해 단일 임차뿐 아니라 최대 4개 임차인으로 분할 임대가 가능하게 했다. 또한 2개 층 이상을 임차하는 경우도 대비했는데, VIP 승강장과 내부 코어 출입문 사이에 슬래브 오프닝을 미리 고려해 필요 시 내부 계단 설치가 가능하도록 했다. 이러한 조건은 보통의 오피스보다 넓은 스팬을 요구했고, 기둥 없는 평면을 선호하는 최근 하이엔드 오피스 임대 시장의 흐름과도 맞물려 '철골구조'라는 해법에까지 다다랐다.

감: 국내 여타 초고층 프로젝트와 비교했을 때, 파크원 철골구조의 시공 난이도는 어느 정도였는지 궁금하다.
-

대공간 구조와 초고층 구조가 동시에 요구된 프로젝트다. 그만큼 난이도가 높았다. 특히 국내에서는 사례가 거의 없었던 경사부재, 즉 메가브레이스는 6개 층에서 최대 12개 층에 걸쳐 시공해야 했는데, 미세한 오차에도 중심축이 틀어질 수 있어 정밀한 경사와 위치 정보를 기반으로 한 고난도의 시공 관리가 필요했다. 리테일 건물의 대공간 구조 역시 일반적인 철골 현장과 달랐다. 부재를 공장에서 사전 제작한 뒤 가조립 시험을 통해 문제점을 확인하고 나서야 현장 반입이 가능했기 때문이다. 초정밀 제작·운송·조립이 동시에 맞물려야 했다는 점에서 기존 국내 초고층 프로젝트보다 한층 높은 시공 난이도라 할 수 있겠다.

감: 각 건물별로 시공이 특히 어려웠던 건물은 무엇이며 그 이유는?

-

오피스 타워와 리테일 지붕 공사였다. 300m 이상의 초고층 건물인 오피스의 상층부는 한강에서 불어오는 강풍으로 평상시에도 제약을 크게 받았다. 철골구조 특성상 중량물을 인양하고 고소 작업을 수행하는 과정에서 안전 관리와 정밀 시공의 난이도가 크게 높아졌다. 반면 리테일의 지붕은 대공간 구조로, 공사 중 구조 안정성을 확보하는 것과 준공 후 장스팬 부재의 처짐을 관리하는 것이 핵심 과제였다. 두 영역 모두에서 고도의 기술적 대응이 요구됐다.

감: 초고층 철골구조는 열팽창과 수축에 따른 구조적 변형도 중요하게 고려된 지점일 듯하다. 이를 어떤 방식으로 설계에 반영했나?

-

철골구조는 열에 민감해 시공 과정에서 팽창과 수축이 불가피하다. 파크원 프로젝트에서는 특히 그 문제가 두드러졌다. 콘크리트와 함께 적층되는 메가칼럼과 달리, 리테일의 지붕 트러스나 옥상 크레인을 연결하는 긴 강봉은 기온 변화에 직접적으로 노출되기 때문이다.

이 부재들은 계절과 시간대에 따라 변형 폭이 커질 수 있었고, 작은 오차가 쌓이면 전체 구조 안정성에 영향을 줄 위험이 있었다. 이를 해결하기 위해 현장에서는 스트레인 게이지[5]를 설치해 강봉의 변형을 실시간으로 계측했고, 세 차례에 걸쳐 긴장을 수정·보정하는 방식으로 대응했다.

감: 노출된 철골의 내구성 확보를 위해 적용된 도장 및 방청 방식이 있다면? 유지보수 비용은 어느 정도로 예상하는가?

-

외기에 직접 노출되는 철골은 주로 리테일의 크레인, 오피스 타워와 호텔의 헬리포트 구조물이다. 리테일 크레인은 건축적 장치이자 구조적으로 핵심적인 역할을 하는 부재인 만큼 내구성과 유지관리가 중요한데, 여기에 불소수지도장이 적용됐다. 불소수지도장은 자외선·습기·오염 등에 강하고 20~30년의 내구연한을 확보할 수 있어 장기적인 안정성을 보장한다. 리테일 내부 대공간 트러스는 실내 환경에 맞춰 우레탄 도장으로 마감했고 이는 균일한 질감과 충분한 내후성을 동시에 만족시켰다. 유지보수 비용은 상대적으로 크지 않다. 주요 도장 시스템은 장기 내구성을 전제로 선택됐기 때문에, 주기적인 대규모 보수는 필요하지 않고 용접부나 접합부에서 국소적 손상이 발생할 경우에만 부분 보수로 대응하면 된다. 전체적인 생애 주기 관리 차원에서 보면 유지보수 부담은 크지 않을 것으로 예상된다.

감: 많은 인원을 수용하는 공공적 공간으로서, 철골구조가 가진 안전성과 쾌적성 측면에서의 장점은?

-

다인원을 수용하는 공간은 기둥 간 거리가 30m 이상인 장스팬을 필요로 한다. 그런 까닭에 구조 부재는 가볍고 강도가 높아야 한다. 이 조건에서 콘크리트보다는 철골이 훨씬 유리하다. 철골구조는 장스팬을 구현할 수 있을 만큼 강도가 크면서도 상대적으로 자중이 적어 기둥을 줄이고 넓은 개방감을 확보할 수 있다. 대공간 건축물에 철골구조가 주로 채택되는 이유다.

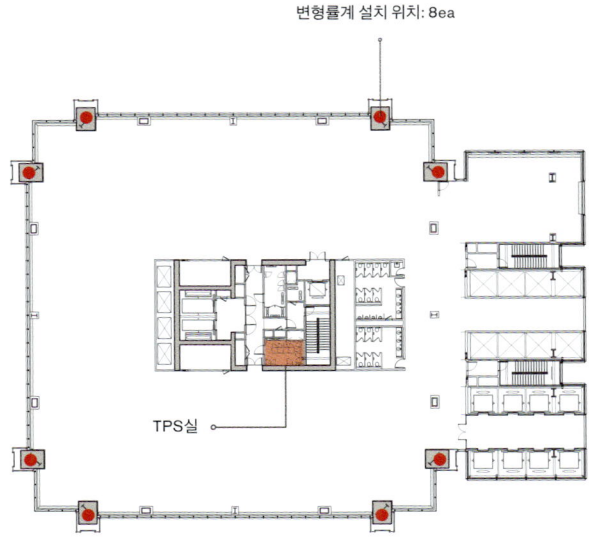

변형률계 설치 위치: 8ea

설치 예시: TOWER 1 - 39F 평면도
(Example: 39F Floor Plan)

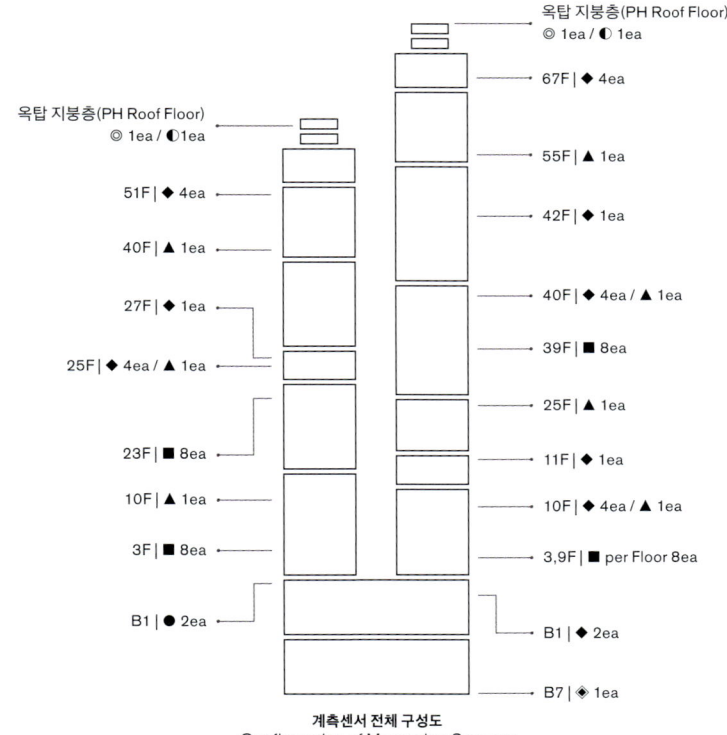

계측센서 전체 구성도
Configuration of Measuring Sensors

◆ 1축 가속도계
● 1축 지진가속도계
▲ 2축 경사계
■ 변형률계
◈ 3축 지진가속도계
☽ 풍향풍속계
◎ GPS

구조 건전도 모니터링
안전 설계에 더하여 촘촘한 계측센서 부착으로 지진, 풍향, 풍속 등 건물의 안전성을 상시 모니터링한다.

감: 프로젝트에 사용된 고강도 강재 TMCP$^{Thermo\ Mechanical\ Controlled\ Process}$는 기존 열연강재와 비교했을 때 어떤 성능적 차이가 있었나?

-

TMCP는 압연과 열처리를 동시에 수행해 고강도와 인성을 확보하는 저탄소당량 강재다. 특히 두께 40mm 이상의 후판에서 기존 열연강재는 잔류응력 때문에 5~10%의 강도 저감을 고려해야 하지만, TMCP에는 이런 보정을 하지 않아도 된다. 용접성도 우수하기 때문에 대형 구조물의 접합부 성능을 안정적으로 확보할 수 있다.

감: 총 6만 톤 이상의 철강재가 투입된 국내 최대급 프로젝트다. 수급과 공급은 어떻게 관리했나?

-

워낙 물량이 방대하다 보니 1급 규모 철골 공장 네 곳에서 동시에 제작이 진행됐다. 리처드 로저스의 디자인은 구조 부재 자체가 파사드의 표현이 되는 만큼 대형 부재가 많았고 일부는 두께 100mm 이상의 강판이 필요했다. 이런 초대형 부재는 생산 가능한 설비가 제한적이었지만, 시공을 맡은 포스코이앤씨가 그룹사의 전폭적인 지원을 받아 공급망을 안정적으로 관리할 수 있었다. 사실상 그룹 차원의 협력 체계가 아니었다면 수급 차질이 불가피했을 규모였다. 앞으로도 이 정도 규모의 프로젝트에서는 초기 단계부터 사전 생산 협의와 공급망 계획이 반드시 병행돼야 한다는 점을 확인할 수 있었다.

감: 초고층 공사인 만큼 안전 관리에 대한 리스크도 컸을 것이다. 중점적으로 관리한 안전 이슈는 무엇이었나?

-

공사비가 조 단위를 넘어가고 4년에 가까운 공사 기간 동안 인명사고가 발생하지 않았다는 건 기적에 가까운 결과다. 특히 도심 한복판의 좁은 현장에서 수십 톤의 철골 부재를 인양하는 과정에는 협착이나 낙하 사고의 위험이 늘 도사리고 있었다. 이를 관리하기 위해 시공사는 '원 스트라이크 아웃' 제도를 도입해, 위험 행동을 한 작업자는 즉시 퇴출시켰다. 사각지대 없이 촘촘히 배치된 스마트 CCTV를 통해 현장을 실시간으로 모니터링했고 BIM 3D 모델링으로 시공 단계별 안전시설물 배치를 사전에 계획했다. 주요 위험 공정은 시뮬레이션을 거쳐 작업 순서를 검증했고, 개인보호구 착용 관리와 현장 정리정돈까지 철저히 지켜졌다. 이러한 다층적 관리가 쌓여 안전을 끝까지 지켜낼 수 있었다.

감: BIM, 3D 스캐닝, GPS 계측을 활용해 500건 이상의 시공 오차를 보정했다고 알려져 있다. 적용된 스마트 컨스트럭션 기술에 대해 설명해 달라. 또한 이 기술이 구조 안전성 확보에 어느 정도 기여했다고 보는가?

-

언급된 기술들을 적극 도입해 설계와 시공 간 오차를 실시간으로 확인하고 보정했다. BIM 모델에 기반해 공정별 간섭을 사전에 검토하고, 3D 스캐닝을 통해 실제 시공 상태를 정밀하게 계측함으로써 도면과 현장 간 차이를 바로잡았다. 특히, GPS 계측은 초고층 구조물에서 발생하는 수직도 오차와 칼럼 쇼트닝[6]을 관리하는 데 중요한 역할을 했다. 이를 통해 500건 이상의 시공 오차를 사전에 발견해 수정할 수 있었고, 예상값과 구조 해석 결과를 비교하며 보정 작업을 수행해 고층 건물에서 필연적으로 발생할 수밖에 없는 처짐·변형 문제에 선제적으로 대응할 수 있었다.

감: 철골구조의 경우, 일반적인 철근콘크리트구조의 건물과 비교했을 때, 공사 기간 및 설계비의 측면에서 경제성이 있다고 판단하는가?

-

초고층이나 대공간 건물은 철근콘크리트구조와 직접 비교하기 어렵다. 철근콘크리트구조로 초고층을 계획할 경우 자중이 커져 지진하중이 크게 증가하는데, 결국 설계의 핵심은 자중을 얼마나 줄여 횡하중을 경감할 수 있는가에 있다. 이런 점에서 초고층 건물은 철골구조가 훨씬 적합하다. 공사 측면에서도 철근콘크리트구조는 양생 기간이 필수적이지만 철골은 공장에서 제작 후 현장에서 조립하기 때문에 공사 기간을 단축할 수 있다. 이는 시공 효율을 넘어 PF를 통한 공사비 조달 구조와 직결된다. 공사 기간이 짧아질수록 금융 비용 부담이 줄어들어 발주처 입장에서는 VE(Value Engineering) 효과가 크게 발생한다.

1) 다이어그리드(Diagrid) 시스템: 삼각 격자 형태로 구성된 구조시스템으로, 기둥과 보를 분리하지 않고 일체화된 사선 부재가 하중을 분산시킨다. 수평·수직 하중을 동시에 지지하며, 외피 자체가 구조체로 작동해 내부 기둥을 최소화할 수 있다. 형태와 구조가 일치하는 이 시스템은 효율적이면서도 조형적인 외관을 만들어내며, 고층·비정형 건축에서 구조적 합리성과 미적 완결성을 동시에 달성한다.

2) 아웃리거(Outrigger) 시스템: 고층 건물의 횡하중 저항을 강화하기 위해 중앙 코어와 외곽 기둥을 연결하는 수평 구조시스템. 주로 철골 트러스나 강판 보로 구성되어, 바람이나 지진에 의해 발생하는 건물의 전도 모멘트를 코어와 외곽 기둥이 함께 분담하도록 한다. 코어의 회전을 억제하며 건물의 변형을 줄이는 역할을 하고, 건축 구조의 효율성과 경제성을 동시에 확보하는 핵심 장치로 작동한다.

3) 트랜스퍼 칼럼: 상부 구조의 하중을 하부의 다른 구조시스템으로 이전(transfer)하기 위해 설계된 전이 기둥. 주로 상부와 하부의 기둥 위치가 일치하지 않거나, 로비나 주차장처럼 저층부에 큰 개방 공간이 필요한 경우 사용된다. 트랜스퍼 빔이나 트랜스퍼 슬래브와 함께 작동하며, 하중 흐름을 재조정해 구조적 안정성과 공간 활용을 동시에 확보한다.

4) 멀리언 리듬: 입면을 구성하는 수직 분할선인 멀리언(mullion)의 반복과 간격이 만들어내는 입면의 구조적·조형적 리듬감. 단순한 창호 프레임을 넘어, 건물의 비례와 스케일, 구조적 질서를 시각적으로 드러내는 중요한 요소로 작동한다. 빛의 반사, 그림자, 재료의 두께와 함께 멀리언의 간격과 배열이 건물의 표정을 결정하며, 구조와 입면, 패턴 사이의 관계를 형성한다.

5) 스트레인 게이지: 구조 부재에 작용하는 변형률을 정밀하게 측정하기 위한 센서 소자. 부재 표면에 부착되어 미세한 신장이나 압축 변화를 전기 저항의 변화로 변환하며, 이를 통해 응력, 하중, 진동, 피로도 등의 구조적 거동을 계측할 수 있다. 건축·토목 현장에서는 구조물의 안정성 평가, 하중 시험, 장기 모니터링에 활용되며, 구조 내부의 힘을 읽어내는 '건축의 청진기' 역할을 한다.

6) 칼럼 쇼트닝(column shortening): 고층 구조에서 하중에 의한 기둥의 압축 변형으로 생기는 레벨 차 현상

정광량
CNP동양 대표이사다. 현대건설, 동양기술개발공사를 거쳐 CNP동양(구, 동양구조안전기술)을 설립했다. 국내 유일 CTBUH Fellow이며 한국건축구조기술사회 회장, 한국CTBUH 회장을 역임하고 현재 한국공학한림원 회원이다.

현진호
삼우종합건축사사무소에서 30년 이상의 설계 및 현장 경험을 바탕으로, 초고층 및 장스팬 구조물 등 고도의 테크니컬 솔루션이 요구되는 프로젝트를 담당하며 대규모 복합개발사업 분야의 전문가로 활동하고 있다.

5

KNOWLEDGE

Protection

화재로부터
구조를 지키는 기술

건축물의 화재 안전은 설계 단계에서부터 시작된다. 철골은 뛰어난 강도와 시공성을 지닌 건축자재이지만, 화재에 취약하다는 치명적인 단점을 가진다. 이를 보완하는 내화 피복은 철골 구조물의 구조적 안정성과 인명 보호를 위해 반드시 확보해야 하는 요소다.
-
에디터 이영령

9·11 테러 당시, 세계무역센터 남쪽 건물과 북쪽 건물의 붕괴 시간에 차이가 발생한 이유 중 하나는 내화 피복의 손상 차이였다.

내화 피복의 필요성

철강은 오랫동안 건축 현장에서 사용되어 온 재료다. 단위 중량당 높은 강도로 인해 부재 단면을 줄일 수 있고, 그만큼 건물 전체의 무게를 최소화할 수 있다. 또한 철골은 공장에서 가공, 제작되기 때문에 품질 관리가 용이하며 현장에서의 시공 속도가 빨라 공사 기간과 비용을 절감할 수 있다. 그러나 이러한 장점에도 불구하고 치명적인 약점이 있다. 바로 화재다. 고온에 노출되면 철골은 급격히 강도를 잃고, 이는 구조물의 변형과 붕괴로 이어진다. 따라서 건축 재료의 강도, 내구성, 열적 성질을 정확히 파악하고 그에 맞는 내화 설계와 시공을 수행하는 것은 선택이 아니라 필수다.

내화 피복의 역할은 2001년 9·11 테러 당시 세계무역센터 붕괴에서 극명하게 드러났다. 미국 기술연구소 조사 보고서에 의하면 내화 피복이 제대로 되어 있지 않았던 남쪽 건물은 불과 56분 만에 붕괴됐고, 상대적으로 내화 피복 상태가 양호했던 북쪽 건물은 102분 간 버틸 수 있었다. 이처럼 두 건물 간의 붕괴 시간 차이가 약 2배에 달했던 점은 철골 구조물의 내화 피복이 화재 시 건물 붕괴를 지연시키는 데 얼마나 중요한 역할을 하는지를 잘 보여준다. 내화 피복은 일반적인 마감재가 아니라 위기 상황에서 구조 붕괴를 늦추고 대피 시간을 확보하는 최후의 방어선인 셈이다.

내화 피복의 종류와 시공 방법

내화 성능을 확보한다는 것은 화재에 직면했을 때 건물이 무너지는 시간을 늦춰 구조와 사람을 지켜내는 일이다. 철골이 불길에 직접 노출되면 순식간에 강도를 잃기 때문에, 이를 보완하는 가장 일반적이고 효율적인 방법은 내화 재료로 부재를 감싸는 '내화 피복encasement'이다. 사용되는 재료와 시공 방법에 따라 다양한 공법이 있으며 각각은 구조물의 형태, 시공 환경, 요구되는 내화 성능 등에 따라 선택적으로 적용된다.

타설공법

타설공법은 거푸집을 설치한 뒤, 철골 부재의 둘레에 콘크리트 또는 경량콘크리트를 소요 두께만큼 타설하여 내화 피복을 형성하는 방식으로, 오래전부터 널리 사용되어 온 콘크리트 시공 방식과 유사하다. 사용 재료로는 보통콘크리트, 경량콘크리트, 기포콘크리트 등이 있으나 일반적으로는 경량콘크리트가 주로 활용된다. 이 공법은 필요한 치수 제작과 표면 마감이 용이하고, 구조체와 일체화된 시공이 가능하다는 장점을 가진다. 그러나 균열 발생 방지 대책, 보강 철근의 배치, 철골과 피복재 간의 단열 처리 등을 신중히 검토해야 하며 작업 시간의 증가와 함께 구조물의 전체 중량이 늘어나는 단점도 수반된다.

조적공법

철골 부재 주변에 콘크리트 블록, 벽돌, 석돌 등 조적 재료를 쌓아 올려 내화 피복을 형성하는 방식이다. 이 공법은 외부 충격에 대한 저항성이 뛰어나고, 열에 의한 피복재의 박리 우려가 적다는 장점이 있다. 그러나 타설공법과 마찬가지로 작업 시간이 길고, 구조물의 전체 중량이 증가하는 단점이 존재한다.

철골 부재를 내화 모르타르로 직접 미장해 일정 두께의 피복층을 형성하는 방법은 고온에서도 구조체의 강도 저하를 지연시켜 안전성을 확보한다.

미장공법
철골에 단열 모르타르를 미장하기 전에, 부착력을 높이기 위해 메탈 라스[1]나 용접 철망을 부착하는 방법이다. 이 방식은 내화 피복과 표면 마감 작업을 동시에 수행할 수 있다는 장점이 있다. 하지만 작업 시간이 길고 기계화가 어렵다는 단점이 있으며, 부착력, 균열 발생 가능성, 방청 처리 등에 대한 충분한 검토가 필요하다.

도장공법
철골에 내화 도료를 도포해 내화 성능을 확보하는 방식이다. 시공성과 작업성이 우수하고, 분진 발생이 적으며 별도의 마감이 필요 없다는 장점이 있다. 그러나 온도나 습기 등 외부 기후에 영향을 많이 받으며, 다른 공법에 비해 내화 성능의 품질을 보증하기 어렵다는 단점이 있다.

뿜칠공법
철골 표면에 접착제를 도포한 뒤 내화 재료를 분사하는 방식이다. 시공이 간편하여 복잡한 형상에도 적용 가능하며, 내화 성능이 우수한 것이 특징이다. 그러나 작업 중 분진과 오염이 발생할 수 있고, 습식인 경우에는 동절기 시공이 어렵다. 또한, 피복 두께, 비중, 분진 등에 대한 정밀한 관리가 필요하다. 이 공법에 사용되는 주요 재료는 석면, 암면, 질석 등으로, 시멘트나 플라스터와 같은 부재료를 혼합해 사용하며 시공 방식은 크게 두 가지로 나뉜다.
건식 뿜칠공법: 노즐 선단에서 물을 분사해 재료와 혼합하며 뿜칠 하는 방식.
습식 뿜칠공법: 재료를 사전에 물과 혼합해 뿜칠 장비로 압송하여 분사하는 방식.

성형판붙임공법
성형판을 접착제 또는 연결 철물을 이용해 부착하는 방식이다. PC판, ALC판[2], 석고판, 규산칼슘판, 압출시멘트판 등 공장에서 생산된 제품을 사용하므로 품질에 대한 신뢰성이 높다. 그러나 자재 가격이 높고, 접합부나 이음부의 시공 관리를 철저히 해야 한다는 점을 유의해야 한다.

내화 피복, 필수일까?

내화 설계의 목적은 단순하다. 화재가 발생했을 때 구조가 무너지지 않고, 그 사이 사람들은 안전하게 대피할 수 있어야 한다는 것. 이를 위해 주요 구조부는 고온에 견딜 수 있는 조건을 확보해야 하는데, 방법은 크게 세 가지로 나뉜다. 첫째는 구조 단면 자체가 고열을 버티도록 설계하거나 보강하는 방법, 둘째는 부재의 단면을 키워 열에 대한 저항성을 높이는 방법, 셋째로 내화 피복재로 감싸 일정 시간 동안 철골의 온도 상승을 지연시키는 방법이다. 일반적으로 철골구조에서 내화 피복은 필수적인 절차처럼 여겨진다. 화재 시 급격히 강도를 잃는 철골을 보호하기 위해서다. 그러나 모든 경우에 피복이 요구되는 것은 아니다.

대표적인 예가 CFT 공법이다. 원형 또는 각형 강관 내부를 콘크리트로 충전하는 이 공법은 강관과 콘크리트가 서로를 보완하며 외부 화재에 대한 내성을 자연스럽게 확보한다. 강관은 콘크리트를 감싸 압축력을 보강하고, 내부의 콘크리트는 열을 흡수해 온도 상승을 늦춘다. 결과적으로 별도의 내화 피복이 없어도 일정한 내화 성능을 확보할 수 있다. 덕분에 기둥 단면을 슬림하게 유지하면서도 높은 층고와 장스팬을 실현할 수 있으며 저층 건축물부터 초고층 건축물, 주거용 및 업무용 건축물은 물론, 대형 건축물까지 폭넓게 적용 가능하다.

미국, 유럽, 일본에서는 CFT 기둥의 내화 성능을 연구해 그 결과를 설계 기준으로 반영해 왔다. 성능 검증에 따라 무피복 상태로 설계하거나 피복 두께를 줄여 시공하는 것도 가능하다. 물론 한계도 분명하다. CFT 기둥은 특수한 제작 설비와 용접 기술이 필요한 까닭에 제작 비용이 높고, 대형 공장에서만 안정적으로 생산할 수 있다. 결국 철골구조에서 내화 피복은 원칙적으로 필수이지만, 구조 형식과 설계 조건에 따라 예외의 길도 존재한다. 내화 피복의 핵심은 모든 철골을 감싸는 것이 아니라, 상황과 구조의 특성을 이해하고 최적의 해법을 선택하는 데 있다.

1) 메탈 라스^{metal lath}: 얇은 강판에 절단을 가한 후 잡아 늘려 그물 형태로 만든 금속 자재로, 주로 건축 현장에서 미장 공사 시 모르타르나 콘크리트의 바탕재로 활용된다. (『GARM 24 미장』 p.26 참고)
2) ALC판: 'Autoclaved Lightweight Concrete'의 약어로, 내화성 완전 불연재인 무기질 소재다. 화재 시 타지 않고 유독가스 발생이 없어 우수한 내화 성능 자재로 평가받는다.
3) 축열효과: 재료나 구조물이 열을 저장하고, 나중에 서서히 방출하는 성질

Technology

현장을 읽는 기술
Scan to BIM이 바꾼 설계의 순서

당연하다고만 생각했던 순서를 비틀면 새로운 가능성이 열린다. 현장에 대한 3D 스캐닝을 기반으로 BIM을 구축하는 'Scan to BIM'이 바로 그것. 설계와 시공의 간극은 필연적일 수 있지만, 이를 줄이는 방법은 분명 존재한다. 특히 단 1mm의 오차도 용납되지 않는 철골구조 건축에 Scan to BIM은 그 간극을 좁히는 중요한 해법이 되고 있다.

-
글 김호중
에디터 구자영
자료 제공 ABIM 건축연구소

완벽이라는 환상

건축 설계는 언제나 완벽한 도면, 완벽한 직선, 완벽한 치수라는 이상에서 출발한다. 특히 철골구조는 이러한 '완벽'에 가장 가까운 재료로 여겨져 왔다. 공장에서 정밀하게 잘려 나온 강재, 규격화된 부재, 정확히 맞물리는 접합부는 마치 교과서에 등장하는 도형처럼 '모든 것이 정돈된 세계'를 떠올리게 한다. 그러나 현실은 많이 다르다. 철골 프로젝트에서 반복되는 재작업과 예상보다 많은 수정 작업은 더 이상 낯설지 않은 풍경이다. 이는 우리가 도면 위에서 그리는 완벽함이 실제 세계에서는 달성하기 어렵다는 현실을 보여준다.

수직과 수평은 컴퓨터 속 가상의 질서일 뿐, 현실의 강재, 기초, 접합부는 언제나 조금씩 어긋난다. 한국에 BIM이 본격적으로 도입된 지도 오래지만, '완벽한 도면'을 목표로 하는 일은 여전히 도전적이다. BIM 도입 과정에서의 주요 과제는 가상의 완벽한 모델과 실제 현장 사이의 간격을 메우는 것이었다. 기존 2차원 도면 검토에서 3차원 모델 검토로 발전했음에도, 여전히 현장의 실제 조건을 그대로 반영하기에는 한계가 있었다. 마치 삽을 뜨기도 전에 모든 정보를 채워 넣으려는 조급함이 현장의 유기적인 변화를 간과하게 만든 것은 아닐까.

특히 철골구조는 이 문제를 극명하게 드러낸다. 철골은 공장에서 정밀하게 제작된 부재들을 현장에서 조립하는 방식이기 때문에, 제작 단계에서의 정확성이 무엇보다 중요하다. 물론 현장에서는 슬롯 홀 slotted holes, 심 플레이트, 현장 용접 등을 통해 일부 조정이 가능하지만, 이런 현장 조정 작업은 시간과 비용을 증가시키고 구조적 성능에도 영향을 줄 수 있다. 작은 오차가 누적되어 큰 문제로 확대되는 이유다. 완벽을 지향하는 재료가 아이러니하게도 완벽에서 멀어지는 순간이다.

기존에는 측량과 현장 조정을 통해 이런 오차들을 관리해 왔지만, 그 과정에서 상당한 시간과 비용이 소요됐다. 이런 경험을 바탕으로 철골 업계에서는 현장 대응력을 높이는 다양한 기법을 발달시켜 왔다. 특히 기존 구조물과 신축 부분을 연결하는 리노베이션 프로젝트에서 이런 문제는 더욱 빈번하게 발생한다. 도면상으로는 완벽해 보이던 접합부가 현장에서는 상당한 오차를 보이는 경우가 많고, 결국 현장에서의 급한 수정 작업과 그에 따른 공사 기간 지연, 추가 비용 발생이 반복되는 악순환이 이어진다. 이러한 상황을 사전에 방지할 수는 없을까. 3D 스캔 기술의 진가는 이 지점에서 드러난다.

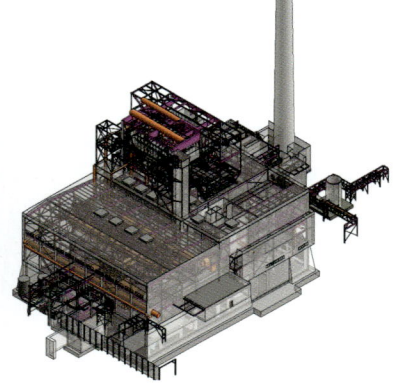
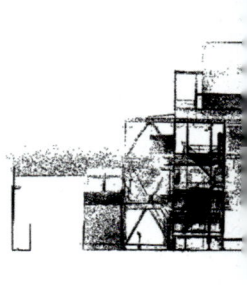

현장에서 시작하는 설계

BIM이 가상에서 현실로 내려오는 방식이라면, Scan to BIM은 현실을 먼저 정밀하게 읽은 뒤 그 위에 가상을 구축하는 방식이다. 3D 스캐닝은 현장의 상태를 디지털 공간에 그대로 옮긴다. 틀어진 대로, 휘어진 대로, 기울어진 대로. 철골과 벽, 기둥과 바닥, 얽힌 배관까지 현실의 모든 굴곡을 빠짐없이 기록한다. 이렇게 측정된 현실 데이터를 바탕으로 BIM 모델을 구축하는 것이 바로 Scan to BIM이다.

기존 BIM이 가상의 모델을 현장에 전달하는 일방적 지시 체계였다면, Scan to BIM은 가상과 실제를 오가며 순환하는 대화에 가깝다. 건물 전체를 한 번에 완벽하게 모델링하려 하기보다는, 시공이 진행되는 위치를 우선 정확히 측정하고 그에 맞는 정보를 단계적으로 구축해 나간다. 이 과정에서 설계자는 도면의 직선을 강요하기보다, 기울어진 기둥, 처진 보, 비틀린 접합부가 어떻게 변형됐는지를 파악하고, 그 조건에 적합한 부재와 연결 방식을 고민한다. 결과적으로 설계는 현실 데이터를 기반으로 다시 시작된다.

마치 재단사가 고객의 몸에 직접 치수를 재고 옷을 만드는 듯이, 건물 역시 실제 현장의 조건에 맞게 조금씩 조정된다. 도면상으로는 직선으로 표현된 외벽이 실제로는 미세한 곡률을 띠거나, 기둥 위치도 예상과 다르게 놓이는 경우는 흔하다. 이때 정확한 스캔 데이터는 현장 조건에 맞춘 '맞춤형' 철골 설계를 가능하게 하며 불필요한 재작업을 줄인다. 이는 단순히 도구의 변화가 아니라, 설계와 시공을 바라보는 접근 방식의 전환을 의미한다.

부분의 정밀함이 전체를 살린다는 역설

BIM 도입 초기에는 건물 전체를 빠짐없이 모델링하는, 이른바 '양적 완성'에 치중하는 경향이 있었다. 그러나 낮은 정밀도로 전체를 채우는 데 그치는 경우가 많았고, 정작 핵심적인 부분에서 요구되는 높은 정밀도는 시간과 비용 문제로 후순위로 밀리곤 했다.

이때 Scan to BIM은 다른 길을 제시한다. 필요한 곳에 집중하는 것이다. 리노베이션 프로젝트에서는 복잡한 접합부, 기존 구조물과의 연결부, 정밀 설비가 설치될 지지대 등 '급소'에 해당하는 부분을 고해상도로 스캔하고 모델링한다. 신축 프로젝트에서는 시공 공정에 맞춰 단계별로 현장 상황을 스캔해 BIM 모델을 실시간으로 업데이트한다. 이를 통해 계획과 시공 사이의 차이를 즉시 파악하고, 다음 단계 시공에 반영할 수 있게 되는 것이다.

일례로 클린룸 철골 프레임의 경우에는 매우 높은 정확도가 요구된다. 건물 전체를 이 수준으로 모델링하는 것은 비현실적이지만, 클린룸 구역만 집중 스캔하면 충분히 달성 가능하다. 또한 신축 현장에서는 기초 콘크리트 타설 후 앵커볼트 위치를 스캔하고, 1차 철골 조립 후 다시 스캔해 2차 철골 제작에 반영하는 식으로 단계별 적용이 가능하다. 결국 핵심 부위에 집중해 확보한 정밀 데이터는 전체 공정의 신뢰도를 높인다. 작은 부분에서의 확실함이 전체 건축 과정의 안정성과 효율성을 뒷받침하는 것이다.

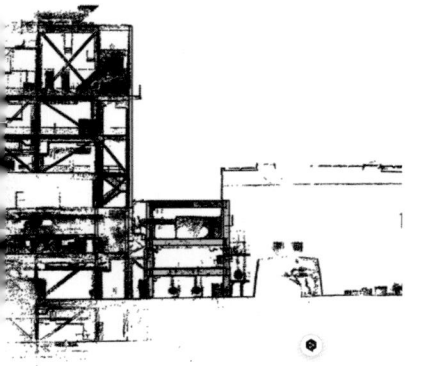

철골의 언어를 읽고 번역하는 방법

모든 재료가 디지털화에 적합한 것은 아니다. 콘크리트의 불규칙한 표면, 목재의 유기적인 결, 흙의 비정형성은 규격화가 어려워 스캔 데이터를 BIM에 직접 적용하는 데 한계가 있다. 하지만 철골은 다르다. 명확히 정의된 단면과, 볼트 및 용접으로 구분되는 접합부는 비교적 규칙적이고 디지털화에 적합한 언어를 갖추고 있다.

다만 이 명확한 언어도 현장에서는 때때로 변형된다. 미세하게 휜 보, 약간 기울어진 기둥, 시공 오차로 생기는 접합부의 비틀림은 도면과 다른 조건을 만들어낸다. Scan to BIM은 이런 변형까지 읽고 해석한다. 점군 데이터[1]에서 평면을 추출하고, 평면에서 모서리를 찾아내며, 모서리에서 부재를 인식하는 일련의 과정은 단순한 형상 복제가 아니다. 구조물의 의도를 파악하고 변형 패턴을 분석하며 앞으로의 거동을 예측하는 일이다.

Scan to BIM 작업에는 많은 장비가 필요하지 않다. 핵심은 '우리 공정의 리듬'에 맞는 장비를 고르는 일이다. 대표적인 장비로는 '포커스 프리미엄'으로 불리는 'FARO Focus Premium'이 있다. 공정 전반에서 두루 쓰이는 스캐너로, 삼각대를 세우고 수평을 잡은 뒤 해상도·품질·컬러 옵션을 정해 촬영하는 식이다. 가벼우면서도 스테이션을 촘촘히 세우기 쉬워 리노베이션 및 철골 프레임의 초반 실측에 적합하다. 이외에도 현장 표준화 및 즉시 검증에 유용한 'Trimble X7'(일명 엑스세븐), 동선이 길고 스테이션을 촘촘히 찍어야 하는 상황에서 속도를 확보하기 용이한 'Leica RTC360'(일명 RTC) 등이 있다. 작업 결과는 장비의 성능보다, 워크플로·소프트웨어 생태계·서비스 및 렌털 가용성·팀 숙련도에서 좌우된다.

이외에도 철골 제작에는 '제작도'라는 상세 도면이 필요하다. 제작도는 일반적으로 설계도면을 바탕으로 제작업체에서 작성한다. 기존 구조물과 연결이 필요할 경우 현장 측량을 통해 실제 치수를 확인하고 이를 제작도에 반영해야 했다. 하지만 측량의 한계로 인해 슬롯 홀이나 여유 치수, 현장 가공을 전제로 할 수밖에 없었다. 그러나 3D 스캔 데이터는 현장의 조건을 그대로 디지털 공간으로 옮긴 결과이기 때문에 여유를 줄이면서도 더 정확한 제작이 가능해진다.

대표적인 Scan to BIM 작업 장비 'FARO Focus Premium'을 현장에서 사용하는 모습

오차의 연쇄를 줄여가는 접근

철골구조에서는 작은 오차가 간단한 문제를 일으키는 데 그치지 않고, 더 큰 오차를 누적시키는 경우를 자주 맞닥뜨린다. 고층 건물의 경우, 각 층에서 발생하는 미세한 변형들이 상층부로 갈수록 확대되어 더 큰 편차로 나타날 수 있다. 일조에 의한 불균등 팽창, 바람에 의한 횡력, 시공 하중의 편심 등 여러 요인이 복합적으로 작용하며 예상치 못한 변형을 만들어 내기도 한다.

기존에도 단계별 측량과 보정을 통해 이러한 오차를 관리해 왔다. 그러나 기존 측량은 점 단위 측정에 의존했기 때문에 전체적인 변형 패턴을 파악하기 어려웠다. Scan to BIM의 장점은 현장 전체를 면(面) 단위로 측정해 변형의 전체 그림을 한눈에 볼 수 있도록 시각화하는 데 있다. 이를 통해 3차원 모델에서 오차 패턴을 확인하고, 보정 계획을 사전에 검토할 수 있다.

일례로 10층 시공 후 스캔 결과 동쪽으로 5mm씩 누적되는 경향이 발견된다면, 11층부터는 서쪽으로 미세하게 보정해 제작할 수 있다. 기존 방식으로는 일부 지점 측량만으로는 이런 전체적인 경향을 파악하기 어려웠지만, 스캔 데이터는 건물 전체의 '기울어짐 지도'를 제공한다. 이러한 단계적 보정을 통해 100층 건물에서도 최종 오차를 최소화할 수 있다.

Scan to BIM의 진정한 가치는 기존의 현장 관리 노하우를 디지털 환경에서 더욱 정밀하게 구현할 수 있다는 데 있다. 숙련된 현장 관리자가 경험으로 파악하던 변형 패턴을 3차원 모델에서 시각적으로 확인하고, 여러 대안을 사전에 검토하는 것이다.

기술은 때때로 차갑게 느껴진다. 하지만 정확한 측정이 만드는 확실성은 현장에 신뢰를 불어넣는다. 작업자는 도면을 믿고, 제작자는 치수를 신뢰하며, 설계자는 현장의 목소리에 귀 기울이는 선순환이 시작된다. 처음부터 시스템 전체에 BIM을 적용할 필요는 없다. 특정 접합부나 까다로운 연결부 몇 곳에 스캔을 시도하는 것이 훨씬 현실적이다. 이렇게 시작된 성공 사례가 누적되면 적용 범위는 자연스럽게 확대될 것이다.

물론 Scan to BIM도 만능은 아니다. 초기 도입 비용과 전문 인력 확보 등의 한계는 분명 존재한다. 그러나 결국 Scan to BIM이 제시하는 것은 간단한 순서의 전환이다. 먼저 현장을 정확히 읽고, 그 위에 설계를 얹는 것. 철골 프로젝트에서 반복되는 문제를 해결할 실마리는 이 작은 변화에 있다.

1) 점군 데이터 Point Cloud Data, PCD: 3D 스캔으로 수집된 수많은 점의 집합

김호중
ABIM(올빔) 건축연구소 대표로, 2009년부터 Scan to BIM 기반 건축 서비스를 제공하고 있다. 『BIM 기반 건축 협업 디자인』의 저자이자 전 한양대학교 건축학과 겸임교수로, 한국BIM학회, 빌딩스마트협회, 한국건축가협회 이사로 활동했다.

Q&A

철골구조를 둘러싼
궁금증 10가지

-
에디터 박지일

고층 오피스 빌딩부터 가설 건축물, 공공 인프라, 모듈러 주택까지. 우리 주변에서 흔히 보이는 건축물의 상당수가 철골로 세워지고 있다. '효율적이면서도 강하다.' 철골에 대한 보편적인 인식이다. 건물의 이미지만 놓고 보면 더 이상 특별할 것 없는 익숙한 구조 방식처럼 보이지만, 정작 자주 쓰이는, '당연하다'고 여겨지는 질문일수록 막상 정확히 설명하기는 쉽지 않다. 초고층 건축에 철골이 왜 필요한지, 콘크리트나 목재와의 구조적 차이는 무엇인지, 해체와 재사용은 실제로 가능한지, 내화 피복과 방청 처리는 어떻게 작동하는지, 시공 시 반복적으로 발생하는 오차는 어떻게 제어되는지, 그리고 모듈러 건축의 핵심 구조로서 철골이 갖는 잠재력은 어디까지인지 등. 이 질문들은 기술에 대한 평범한 호기심을 넘어 건축과 구조, 현장과 실무 모두에게 반복적으로 던져지는 실질적인 쟁점이기도 하다. 이번 섹션은 그 질문들을 하나씩 짚어본다. 실무와 현장에서 실제로 마주하는 핵심 궁금증을 10가지 질문으로 추려, 짧지만 본질에 가까운 답을 달았다. 철골에 대해 잘 알고 있다고 생각했지만 여전히 설명하기 어려운 것들. 이 10개의 문답은 건축재료를 넘어 구조적 선택이 작동하는 방식 그리고 그것이 도시와 건축의 결정에 어떤 영향을 미치는지를 살펴보는 하나의 단초가 될 것이다.

Q1

철골구조는 왜 지금 다시 주목받는가?

한때 철골은 산업화의 상징이었다. 산업혁명 이후 철강 생산이 본격화되면서, 철골구조는 고층 빌딩과 교량, 공항과 경기장 같은 대형 인프라를 가능케 한 동력이기도 했다. 그러나 20세기 후반 이후 도시 개발의 무게중심은 철근콘크리트로 옮겨갔다. 강성과 내화 성능, 비용 측면에서 철근콘크리트가 더 합리적이라는 판단 속에서, 철골은 한동안 주변부로 밀려나 있었다. 그러나 건축을 둘러싼 질문은 지금 바뀐지 오래다. 현재 건축의 화두는 탄소 감축·순환경제·유연성으로, 과거에는 '얼마나 높이, 얼마나 빨리'가 기준이었다면, 오늘날의 기준은 '얼마나 덜 배출하고, 얼마나 더 유연하며, 얼마나 불확실성에 강한가'다. 철골은 저탄소 전환이 가능하고, 볼트 접합을 활용하면 해체와 재사용도 용이하다. 공장에서 제작해 현장에서 조립하는 방식은 공사 기간을 단축하고 정밀도를 높인다. 모듈러·프리패브 건축과의 결합은 도시의 불확실성에 즉각 대응할 수 있는 장치가 된다. 즉 철골은 단순한 구조 효율이 아니라, 지속가능성과 가변성을 담보하는 미래적 구조 언어로 다시 소환되고 있다.

Q2

철골은 콘크리트나 목재의 대안이 될 수 있을까?

철골의 가장 큰 장점은 강도 대비 경량성과 장스팬 구현 능력이다. 동일 하중을 지탱하는 데 필요한 부재 단면이 작아 건물 자체가 가벼워지고, 이는 초고층·대형 건물의 구조에서 특히 유리하다. 장스팬 구현 능력이 뛰어나 기둥 없는 대공간을 만들 수 있으며 '공장 제작 - 현장 조립'이라는 건식 공법 덕분에 정밀도와 공사 기간 단축 효과도 크다. 볼트 접합 방식을 적용하면 해체와 재사용도 가능해 순환 건축의 기반이 된다. 반면 단점도 분명하다. 고온에서 강도 저하가 가파른 탓에 내화 피복이 필수이고 부식 관리가 상시 과제다. 초기 자재·시공비가 철근콘크리트나 목재 대비 높은 편이라는 점도 부담이다. 요약하면, 철근콘크리트는 내구성과 내화성, 목재는 환경성과 감각적 체험, 철골은 유연성·가변성·시공성에서 차별화된다. 철골은 만능 대체재가 아니라 조건과 유지관리가 전제된 또 하나의 강력한 선택지다.

Q3

초고층·대형 건축에서 철골구조가 필수적인 이유는?

초고층 건축은 바람, 지진, 온도 변화 같은 극한 외력에 항상 노출돼 있다. 콘크리트는 압축에는 강하지만 인장과 반복 진동에는 상대적으로 취약하다. 반면 철골은 강도와 연성을 동시에 갖춰 충격을 흡수하고 변형에 대응하는 능력이 탁월하다. 이 특성은 건물 전체의 저항이나 복원력을 높여 재난 상황에서도 구조적 붕괴를 지연시키는 장점으로 이어진다. 또한 철골은 장스팬 구현이 가능한 만큼 경기장이나 공항 터미널, 컨벤션 센터처럼 대규모 무주공간을 필요로 하는 프로그램에서 사실상 필수적이다. 공장에서 제작해 현장에서 조립하는 방식은 품질 관리와 공사 기간 단축에도 유리하다. 롯데월드타워, 파크원, 원 월드 트레이드 센터 같은 세계적 초고층 건축이 철골을 핵심 구조로 선택한 이유도 여기에 있다. 결국 철골은 높이 쌓는 재료가 아니라, 초고층·대형 건축이 요구하는 안전성·공간 유연성·시공 효율성을 동시에 충족시키는 구조적 해법이다. 한편 철골은 연성이 크고 충격을 흡수하는 능력이 뛰어나 내진 성능에 유리하다는 평가를 받는다. 모멘트 프레임·브레이스드 프레임·댐퍼 시스템과 같은 보강 기술 및 BIM 기반 동적 해석이 일상화되며 성능의 예측 가능성도 높아졌다. 결론적으로 철골은 건축과 시공의 여러 요소를 동시에 해석하는 종합적 해법이다.

Q4

모듈러·프리패브 건축에서 철골은 어떤 가능성을 제시하는가?

철골은 규격화가 쉽고 조립성이 뛰어나 모듈러, 프리패브의 핵심 구조로 쓰인다. 공장에서 유닛을 제작하고 현장에서 빠르게 조립하므로 공사 기간 단축에 유리하고, 정밀도 또한 높다. 필요할 경우 해체와 재조립도 가능해 순환 건축의 기반이 된다. 팬데믹 시기 급증한 임시 병동이나 기숙사 등의 출현은 철골 모듈러의 속도와 유연성을 증명한 바 있다. 이는 공법의 효율성을 넘어 도시가 요구하는 즉각적인 대응 능력, 예컨대 인구 변화나 사회적 수요, 재난 상황 등에 맞설 수 있는 시간적 장치로 기능한다.

문제는 누적 오차다. 모듈 단위의 미세한 치수 오차가 현장에서 누적되면 전체 구조의 정확도가 깨질 수 있다. 이를 해결하기 위해 레벨 조정 장치, 접합부 표준화, 고정밀 절단·용접 기술 등이 요구된다. 운송 가능한 모듈 크기(트럭 적재 한계, 도로 폭 등)와 철골의 경량화 문제도 현장에서는 큰 이슈다. 모듈러 및 프리패브 분야에서의 미래는 곧 정밀도와 표준화에 달려 있다.

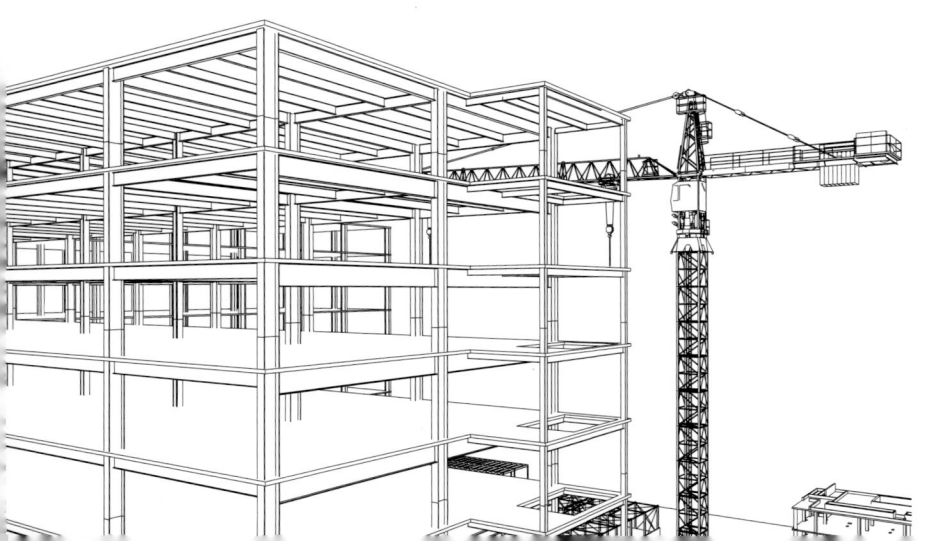

Q5

철골구조는 해체와 재사용에 유리하다는데, 실제로 그러한가?

잠재력은 크지만 현실화에는 조건이 따른다. 유럽 내 일부 국가에서는 'Circular Steel' 개념을 통해 철골 부재의 해체와 재사용을 제도화하고 있으며, 볼트 접합 부재를 분리해 다른 건축에 재투입하고 이를 지원하는 데이터베이스까지 운영한다. 일본은 해체를 전제로 한 설계 '디자인 포 디스어셈블리Design for Disassembly'를 통해 해체를 고려한 설계를 연구하면서 건축의 수명 주기를 구조적 차원에서 확장하고 있다. 아직 초기 단계에 머물러 있기는 하지만, 국내에도 리모델링 현장에서 기존 철골 구조물을 보존하거나 재활용하려는 시도가 점차 늘고 있다. 전시장이나 공연장 같은 임시 구조물은 해체 후 다른 장소에 재조립하는 사례도 등장하면서 철골의 순환 가능성을 보여주고 있다. 다만 용접·영구 고정 디테일은 절단·변형을 수반하고 재사용 시 성능 검증·규격 적합성 확인이 필수라 추가적인 비용과 시간이 든다. 설계 초기에 볼트 접합·표준 부재를 채택하면 순환성은 현실로 수렴할 수 있다.

Q6

철골구조는 건축 디자인 언어에 어떤 영향을 미치나?

철골이 구조체에 머물지 않고 외부로 드러나는 순간, 철골은 건축의 언어가 된다. 노출된 H형강은 직선과 모듈의 반복을 통해 공간에 리듬감을 부여하고 투명한 입면과 결합할 때는 콘크리트의 장식이자 패턴으로 기능한다. 이는 콘크리트의 중후함이나 목재의 따뜻함과는 다르게 경쾌하면서도 차가운 긴장감을 자아낸다. (관련 사례는 p.70에서 살펴볼 수 있다.) 때로는 지나치게 산업적이거나 낯설게 느껴질 수 있지만 그 이질성이 기존의 도시 풍경을 전환시키는 힘으로 작동하기도 한다. 구조가 미학이 되고, 기능이 곧 표현이 될 때 철골은 건축 디자인 언어의 가장 직접적이고 정직한 매개체가 된다.

Q7

제작도의 역할은 무엇인가?

철골은 콘크리트처럼 현장에서 쉽게 수정할 수 있는 재료가 아니다. 용접, 절단, 가공 등 복잡한 절차가 필요하며, 한 번 세워진 구조체를 다시 해체하기도 어렵다. 따라서 제작도 단계에서의 정밀한 검토가 현장 리스크를 줄이는 가장 확실한 방법이다. 이 과정에서 설계의 의도와 제작의 언어가 엇갈리지 않도록, 제작도는 양쪽 세계의 중간 조정자 역할을 수행한다. 제작도는 설계도면을 실제 시공 가능한 형태로 구체화한 실행 도면이다. 건축 설계도면이 건물의 개념과 공간 구성에 초점을 맞춘다면, 제작도는 철골 부재의 치수, 형상, 절단 위치, 용접부, 볼트 구멍, 플랜지 두께, 연결부 상세 등 제작 단위의 정보를 포함한다. 이를 통해 시공 단계에서 발생할 수 있는 간섭, 누적 오차, 구조적 불일치를 사전에 검토하고 조정한다. 철골 공사는 공장 제작과 현장 조립이 분리되어 진행되므로, 조립 오차를 최소화하기 위해 정밀한 치수 검토와 간섭 확인이 선행돼야 한다. 제작도는 이 검토 과정의 중심에서 설계자, 구조기술자, 제작업체, 시공사 간의 기술적 의사소통 도구로 작동한다. 또한, 현장의 조건이나 구조적 제약으로 인해 설계도면과 실제 시공 상황이 다를 경우, 제작도 단계에서 이를 반영해 수정·보완 도면을 승인받고 제작에 적용한다.

Q8

유지관리 측면에서는 어떤가?

철골은 습기와 염분에 취약해 부식이 빠르게 진행된다. 이는 구조 안정성뿐 아니라 건물의 외관에도 심각한 문제를 일으킬 수 있다. 현재는 아연도금, 에폭시 도장, 불소수지 코팅 등 다양한 방청 기술이 적용되지만 이는 모두 시공과 유지보수에 많은 비용이 든다는 단점이 있다. 특히 해안 도시의 경우, 방청은 필수 조건으로 부산·인천의 건축 현장은 늘 이 문제와 싸우고 있다. 또한 환경 규제로 기존 도료의 사용이 제한되면서 '친환경 방청 기술'이 새로운 연구 분야로 떠오르고 있다. 건축가에게는 철골의 심미성을 유지하면서도 부식을 통제할 수 있는 전략이 가장 큰 고민 중 하나다. 철골의 강점은 예측 가능한 유지관리다. 규격화된 부재 덕분에 교체와 보수가 상대적으로 쉽고, 볼트 접합 구조는 해체와 재조립을 가능케 한다. 이는 건물의 수명을 단순히 '연장'하는 것을 넘어, 모듈 단위로 갱신과 변형이 가능한 열린 수명 주기를 제공한다. 반면 관리가 부실하면 부식과 내화 성능 저하로 수명이 급격히 줄어든다. 결국 철골의 내구성은 관리 역량에 달려 있으며, 적절한 관리가 뒷받침될 때 철골은 다른 구조재보다 훨씬 유연한 수명 전략을 제시한다.

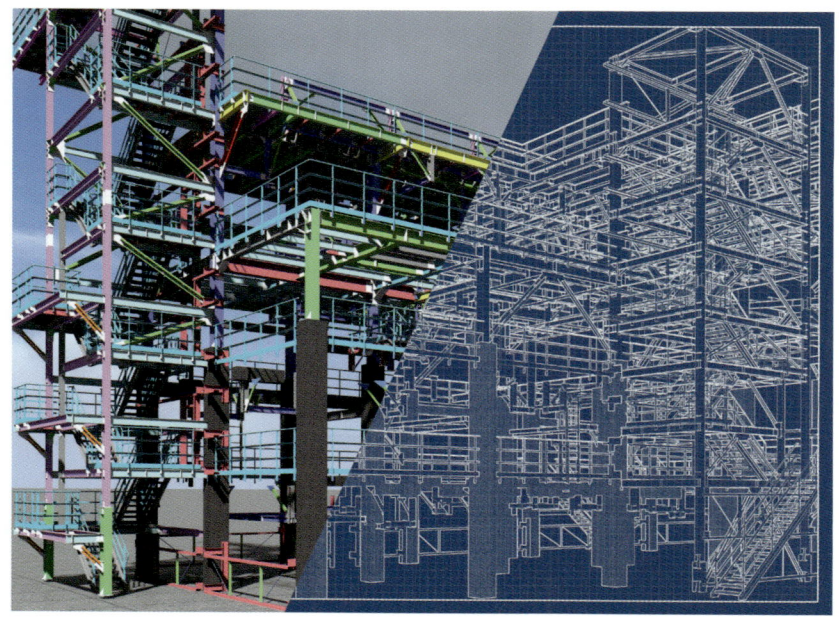

Q9

철골 시공에서 정밀도는 왜 그렇게 중요한가?

철골구조는 대부분 공장에서 제작 후 현장에서 조립된다. 이때 발생하는 오차는 곧 구조 안정성과도 직결된다. 특히 장스팬 구조물에서는 1mm의 오차가 전체 구조에 수십 밀리미터의 변형을 가져올 수 있다. 따라서 용접·볼트 체결·가공 등 모든 과정에서 고도의 정밀성이 요구된다. 국내에서는 여전히 제작도를 통한 현장 보정에 의존하는 경향이 강한데, 이는 품질 편차와 공사 기간 지연을 유발하기도 한다. 반면, 일본이나 유럽은 BIM과 디지털 트윈을 활용해 공장과 현장 간 데이터를 실시간으로 연동하는 체계를 갖추고 있다. 향후 철골구조의 정밀도 관리는 기술적 이슈를 넘어, 건설 산업 전반의 신뢰도를 좌우하는 요소가 될 것이다. 한편 초고층 시공에서 가장 큰 문제는 누적 오차다. 층마다 발생한 미세한 편차가 상부에서는 수십 센티미터의 변형으로 확대되는 것이다. 이를 제어하기 위해 BIM, 3D 스캔, 드론 측량 같은 디지털 기술이 적극 도입되고 있다. 용접과 볼트 접합의 선택은 구조의 수명과 유지관리와 직결된다. 내화 피복과 방청 처리 역시 필수다. 철골 시공은 단순히 '세우는 일'이 아니라, 기술·경제·환경이 얽힌 종합적 과제다.

Q10

다른 구조에 비해 경제적인가?

철골은 공사 단가만 놓고 보면 목재나 콘크리트보다 비싼 경우가 많다. 강재 가격의 변동성, 내화 및 방청 처리 비용까지 고려하면 초기 자재비는 부담이 크지만, 공장 제작과 현장 조립을 통한 공사 기간 단축 효과가 이를 상쇄한다. 특히 상업시설이나 대형 오피스처럼 조기 완공이 수익 창출로 직결되는 프로젝트에서는 빠른 공사 기간이 금융비용 절감, 임대수익 조기 발생, 인건비 절약으로 이어져 총비용 측면에서 경쟁력을 가진다. 대형 상업시설의 경우 한 달 빠른 오픈만으로도 수십억 원의 매출 차이가 발생한다. 또한, 인건비 비중이 높은 국가일수록 철골 같은 조립식 구조 방식이 경제적이며, 공사 기간 단축은 높아진 인건비를 기간 대비 줄이는 효과를 낸다. 따라서 철골의 경제성은 자재비보다 시간에 더 큰 비중을 두어야 하며, 최소 30년 이상의 라이프사이클 코스트^{LCC} 기준에서 평가해야 한다.

6

SUPPLEMENT

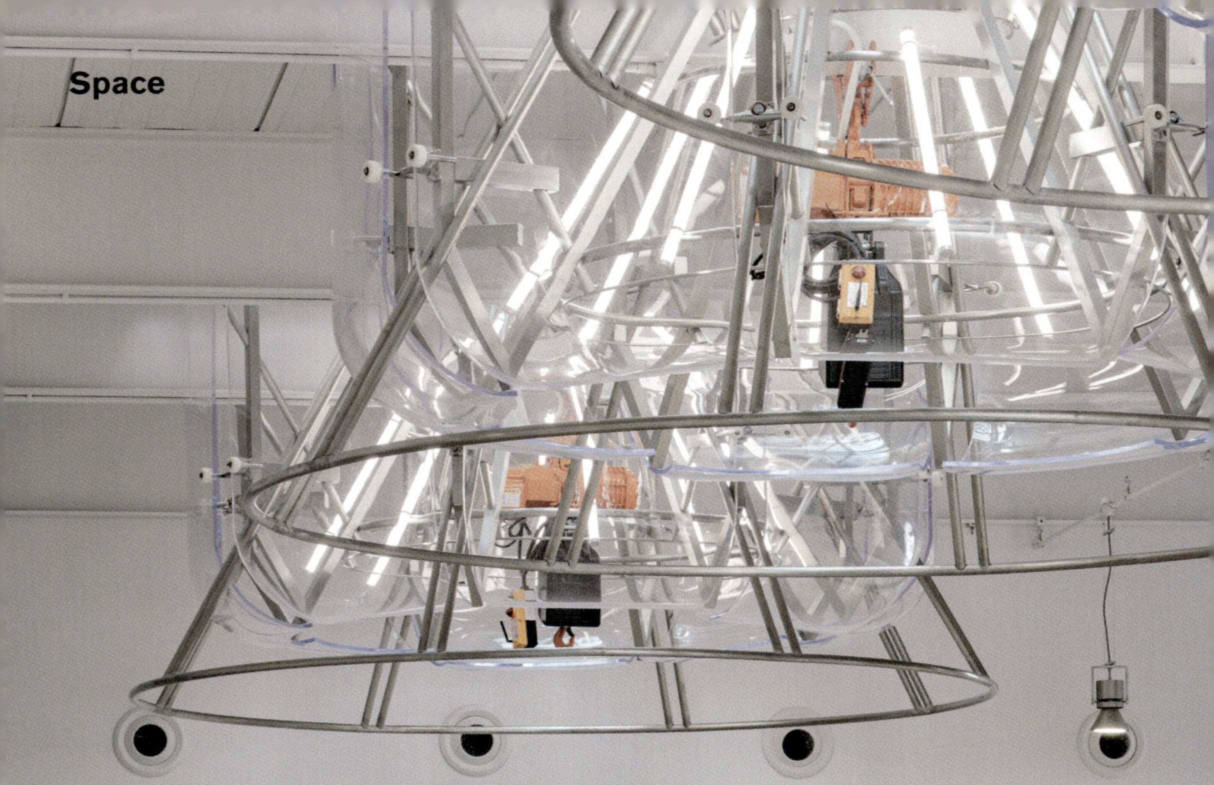

Space

Steel
Experience:
구조로
완성된 공간

매끈한 강재 표면을 따라 시선이 이동하고, 기둥과 보가 만든 틈새로 빛이 흘러든다.
거대한 스팬을 가로지르는 트러스 아래에서 울리는 발소리, 용접 자국이 남은 플랜지
위로 스치는 그림자, 구조와 마감 사이의 얇은 경계에서 건축의 리듬은 만들어진다.
철골은 이처럼 공간을 '조립'하는 동시에, 감각을 '조율'하는 매개가 된다.
이번 서플먼트는 철골을 '보는 구조'에서 '경험하는 구조'로 확장한 다양한 건축을 다룬다.
외피 안으로 숨지 않고 내부에서 드러나며 사람의 시선과 동선을 따라 구조의 논리를
직접 인식하게 하는 공간들이다. 기둥의 간격과 보의 리듬, 접합부의 정밀도 그리고
이들이 만들어내는 개방감과 투명성은 구조를 시각적·공간적 경험으로 전환시킨다.

1 밀락더마켓

엘제이엘건축사사무소, 2K1 Architecture

부산 광안리 해수욕장의 동쪽에 자리한 '밀락더마켓'은 고층 빌딩이 즐비한 도심지 사이에 지역의 중심이 될 저층형 랜드마크로서 지어졌다. 의도적으로 낮고 넓게 조성된 열린 공간은 주변의 높은 빌딩들과 대비를 이룬다. 이러한 외관은 부산의 근대문화유산인 남선창고 터와 옛 백제병원의 입면에서 영감을 받아 디자인됐다.

열린 공간은 과거 옛 어시장과 노점상에서부터 이어진 지역 문화를 담기 위해 재구성된 공간으로 창고에서 영감을 받아 다양한 행사가 개최할 수 있도록 계획됐다. 겉으로 드러난 철골과 붉은 벽돌의 물성은 공간의 분위기와 도시의 풍경을 새롭게 연출하며, 철골구조가 만든 대공간은 오프라인 프로그램을 수용하기에 적합하도록 설계됐다. 밀락더마켓을 방문해 기둥 없이 웅장한 스케일감을 느낄 수 있는 분위기를 느껴보자.

부산광역시 수영구 민락수변로17번길 56

2 인왕산 초소책방

이충기(서울시립대학교), 공명건축사사무소

'인왕산 초소책방'은 이름에서 알 수 있듯이 1968년 청와대 방호 목적으로 지어져 50여 년간 운영됐다. 이후 청와대의 인왕산 전면 개방 계획에 따라 방호 인력이 축소·이전되면서 철거될 예정이었으나, 주변 경관이 뛰어나 시민을 위한 휴식공간으로 리노베이션이 추진됐다. 기존 건물은 층고가 낮은 건물과 높은 건물이 이어진 형태였다. 층고가 낮은 건물은 2층으로 증축됐고, 층고가 높은 건물은 전망대로 탈바꿈했다. 누구나 편하게 접근할 수 있도록 열린 구조로 설계했으며, 과거 비공개 시설이었던 곳을 공공 문화공간으로 전환했다는 점에서 큰 의의가 있다.

시공성을 고려해 H형강과 구조용 각형 강관으로 증축했고, 외벽은 투명 유리로 계획함으로써 가벼운 느낌을 더했다. 또 2.3m의 낮은 층고와 기계 설비 간섭, 전면 유리 등 여러 조건을 고려해 철골구조와 탄소섬유 보강재를 드러냈다. 이 구조적 표현은 구조 자체의 아름다움을 강조하는 동시에 개방감을 확보한다. 계단은 내외부 두 곳에 철골로 시공했다. 내부 계단은 기존 슬래브를 개방하고 철골구조를 그대로 드러내는 방식으로 설계됐으며, 상판은 대리석으로 마감했다. 천장에는 H형강과 천장재 사이에 간접조명을 넣어 입체감을 강조했다. 1층 남측 벤치와 2층 데크 난간 상부에도 H형강을 적용해 철골이 디자인 요소로도 활용될 수 있음을 보여준다.

서울특별시 종로구 인왕산로 172

3 퇴계동 행정복지센터
장인수건축사사무소, 심미건축사사무소

강원도 춘천시 남춘천역 인근, 도시와 공원 사이에 자리한 '퇴계동 행정복지센터'는 철골구조가 만들어낸 긴장감 있는 형태로 시선을 끈다. 광장과 녹지로 나뉜 대지를 길게 가로지르는 건물은 지렛대 위에 놓인듯 떠 있다. 캔틸레버로 지면과 건물이 닿는 면적을 최소화해 하부에 생긴 넓은 열린 공간은 광장과 녹지, 도시와 공원의 시선과 흐름을 매개한다. 기둥의 간섭 없이 열린 공간은 시민이 머물고 교류하도록 하며, 이러한 캔틸레버를 가능하게 한 힘은 내부에 숨겨진 철골 트러스다.
반사유리로 마감된 입면은 낮에는 도시를 비추고, 밤에는 내부 활동을 드러내며 철골구조를 도시에 녹여낸다. 외부 경사로와 내부 아트리움, 관통형 계단은 구조와 동선이 결합된 복합적 흐름을 형성한다. 춘천의 새로운 수평선을 경험하고 싶다면 퇴계동 행정복지센터를 방문해 보자.

강원특별자치도 춘천시 남춘로 7

4 한밭도서관 주차빌딩

㈜코어건축사사무소 + 그라프트오브젝트

'한밭도서관 주차빌딩'은 철골 조립식 구조의 공작물 주차장 형태로 계획됐다. 공작물 주차장은 높이 제한이 8m로 정해져 있어, 층고 2.65m 기준 최대 3개 층이 한계다. 따라서 260대의 주차 수요를 충족하기 위해 옥상층까지 모두 주차 공간으로 활용해야 했다. 기능적이고 투박할 수밖에 없는 주차장은 철골구조와 데크 플레이트 공법을 적용했다. 낮은 층고 문제를 보완하고자 건물 입면은 아치 형태의 콘크리트 수벽으로 계획해 주변 건물과 시각적으로 연결되도록 했다. 입면을 분절함으로써 건물의 이질감을 완화하고, 주변에 풍경을 만들어내는 표피적 연결체 역할을 하도록 했다.

대전광역시 중구 서문로 10

5 줄포 도시재생 연작
내러티브아키텍츠 건축사사무소

전라북도 부안군 줄포면에서 진행된 '줄포 도시재생 연작'은 쇠락한 항구 마을을 되살리는 프로젝트다. 정체된 마을에서 형태와 색채로 대응하는 두 건물로 도시재생의 새로운 가능성을 탐구한다.

줄포 저온창고 리노베이션_ 어획물을 보관하는 창고에서 농업용 창고로 사용되다 한동안 방치되고 있었다. 재래식 철근콘크리트 창고는 폐쇄된 형태로 도시의 흐름을 가로막고 있었다. 단일 기능의 기존 건물은 도시재생을 통해 벽을 허물고, 다양한 커뮤니티 활동의 배경이 되는 공간으로 변모했다. 내부의 커뮤니티 활동은 외벽을 관통하고 가로지르는 갤러리를 통해 외부에 드러난다. 기존 철근콘크리트구조에 매달린 철골구조의 브릿지는 내부에 새로운 공간적 층위를 만든다. 떠 있는 갤러리를 걷는 경험을 통해 줄포의 과거와 현재의 도시 맥락이 중첩되며, 건물 안팎으로 시선의 교차가 일어난다.

줄포 도시재생 거점공간 & 공중화장실_ 시장 상인들을 위한 회의 장소와 공중화장실이었던 건물은 리노베이션을 통해 확장된 회의실, 영상 스튜디오, 공유주방 등 마을 커뮤니티를 위한 다목적 공간으로 재탄생했다. 과거에 올라갈 수 없던 옥상에는 철골 계단을 연결해 노을 전망대로서 기능한다. 또한, 경량철골구조로 만들어진 지붕은 금속 외장재로 덮여 주변 건물과 도시에 의도적으로 다름을 표현한다. 기존 건물과 상반된 건축언어로 도시와 커뮤니티 간 새로운 대화를 만들어낸다.

전북특별자치도 부안군 줄포면 부안로 865

6 클라우드
유아이에이건축사사무소, 큐앤파트너스 건축사사무소

서울 용산구 해방촌 도시재생 일환으로 기획된 신흥시장의 새로운 아케이드 '클라우드'는 빛과 바람이 잘 통하는 구조를 중심으로 고안됐다. 석면 슬레이트 지붕으로 덮여 있던 기존 아케이드는 공간을 위아래로 단절시켰고, 채광이나 환기도 어려웠기 때문이다. 새롭게 조성된 막구조에는 투명성과 내구성을 갖춘 첨단 소재 ETFE가 쓰였다. 이 소재는 공기를 주입해 형태를 유지하는 가벼운 에어쿠션 구조에 적합하며, 채광과 환기 성능을 극대화하는 동시에 개방감과 공간감을 조성한다.

특이한 모양의 기둥은 직경 165mm의 스틸파이프를 사용했다. 나뭇가지처럼 퍼져 있는 상부 기둥의 모양은 지붕을 지지하기 위해 만들어졌고, 일부 휘어진 하부 기둥은 시장 운영을 방해하지 않도록 상인들과의 소통을 통해 만들어진 자연스러운 형태다. 오래된 시장의 정취와 새로운 기술이 공존하는 신흥시장을 방문해 직접 걸어보길 권한다.

서울특별시 용산구 신흥로 95-9

7 카시나 성수
아키모스피어

'카시나 성수'는 공업지대에서 흔히 볼 수 있는 철골구조의 공장을 브랜드의 뿌리와 문화를 담은 공간으로 탈바꿈한 프로젝트다. 서울 성동구 성수동만의 산업적 배경과 어우러지는 이 공간은 불규칙하게 배치된 창호를 통해 성수동 거리의 자유롭고 즉흥적인 감성과 스트리트 컬처의 생동감을 시각적·공간적으로 드러낸다. 내부에는 스케이트보드의 바퀴를 상징하는 네 개의 원형 구조물이 중심에 세워져 있는데, 이는 하늘과 바닥을 수직으로 관통하며 1층과 2층, 거리와 실내를 연결하는 매개체로서 단순한 오브제를 넘어 브랜드의 시작과 현재를 동시에 담아내는 장치이기도 하다. 철골구조의 높은 천장고를 지닌 내부는 개방감을 주고 방문객들이 자유롭게 오갈 수 있도록 설계됐다. 천창과 입면을 통해 유입되는 자연광은 시간에 따라 실내 분위기를 변화시키며, 스케이트보드가 움직일 때 만들어내는 리듬처럼 공간에 생기를 불어넣는다. 이러한 빛의 변화는 브랜드가 추구하는 유연함과 역동성을 더욱 상징적으로 나타낸다.

서울특별시 성동구 성수이로7길 41

GARM Magazine

ISSUE 01
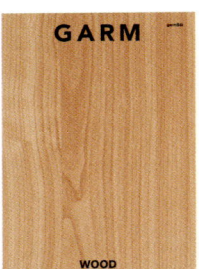
WOOD
목재

ISSUE 02

BRICK
벽돌

ISSUE 03

CONCRETE
콘크리트

ISSUE 04

PAINT
페인트

ISSUE 05
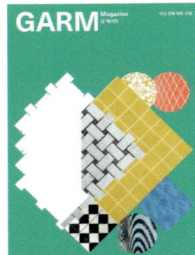
TILE
타일

ISSUE 06

FLOORING
바닥재

ISSUE 07

STEEL
철재

ISSUE 08
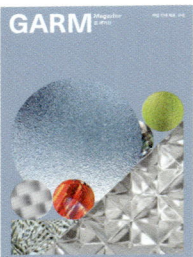
GLASS
유리

ISSUE 09

STONE
석재

ISSUE 10

WINDOW
창호

ISSUE 11

LIGHTING
조명

ISSUE 12

BUILT-IN FURNITURE
빌트인 가구

ISSUE 13

ALUMINUM
알루미늄

ISSUE 14

FABRIC
패브릭

ISSUE 15

PLASTIC
플라스틱

ISSUE 01–26

ISSUE 16

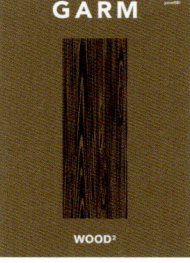

ARCHITECURAL HARDWARE
건축 하드웨어

ISSUE 17

INTERIOR HARDWARE
인테리어 하드웨어

ISSUE 18

WOOD²
목재²

ISSUE 19

PAPER
종이

ISSUE 20

LANDSCAPE I:
Outdoor
실외 조경

ISSUE 21

LANDSCAPE II:
Indoor
실내 조경

ISSUE 22

INSULATION
단열

ISSUE 23

WATERPROOF
방수

ISSUE 24

PLASTER
미장

ISSUE 25

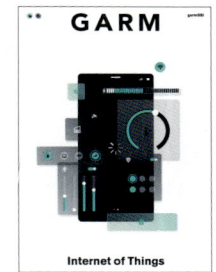

IoT
(Internet of Things)
사물인터넷

ISSUE 26

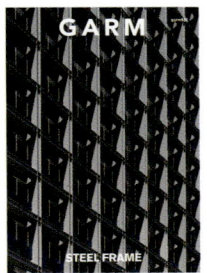

STEEL FRAME
철골구조

참고자료

단행본
- 강구조 용어사전 편찬위원회. 『강구조 용어사전』. 한국강구조학회, 2010.
- 대한건축학회. 『강구조의 이해』. 기문당, 2010.
- 대한건축학회, 대우건설. 『건축기술지침』. 공간예술사, 2007.
- 박병두. 『건축시공학』. 구미서관, 2022.
- 일본건축구조교육연구회. 『건축구조사전』. 한국건축구조기술사회 역. 기문당, 2010.
- Francis D. K. Ching, Barry Onouye, Douglas Zuberbuhler. 『건축구조 도해집』. 김진호 역. 씨아이알, 2023.
- Hugh C. Miller. 『The Chicago School of Architecture: A Plan for Preserving a Significant Remnant of America's Architectural Heritage』. U.S. Government Printing Office, 1973.

정기간행물
- 김상대. 「현대건축과 철골구조. 건축」. 『건축(대한건축학회지)』 37, 1(1993): 22-25.
- 김우철, 김상섭, 김성배. 「합성구조 내화피복재의 종류 및 특성」. 『한국강구조학회지』 26, 5(2014): 23-28.
- 마춘경. 「"고요한 아침의 나라"의 철골구조」. 『건축(대한건축학회지)』 49, 11(2005): 75-78.
- 안재봉, 최윤기. 「경제적 철골제작 설치 및 공기단축 사례분석 연구」, 한국건설관리학회 논문집 5, 5(2004): 183-192.
- 이동규, 신수미, 박성수. 「고층 트러스 철골구조 시스템의 단면치수 재조정 최대강성 이산화 최적설계」. 『대한건축학회논문집 구조계』 25, 6(2009): 3-11.
- 이은택, 양재근. 「KS 개정에 따른 건축구조기준 개정 - 개요」. 『건축(대한건축학회지)』 61, 10(2017): 11-12.
- 이철호. 「공업화박판강구조(PEB구조)와 최근 경주 지붕붕괴 참사」. 『건축(대한건축학회지)』 58, 10(2014): 19-28.
- 최성모, 최영환, 정경수. 「CFT 구조기술 개발 및 적용사례」. 『건축(대한건축학회지)』 50, 12(2006): 28-33.

법령
- 강구조공사 표준시방서(KCS 14 31 00)
- 구조물 기초설계기준
- 건축구조기준(KBC 2021)
- 산업안전보건기준에 관한 규칙 제38조
- 화물자동차 운수사업법
- KS B ISO 17635 비파괴검사 표준
- KS B 1016:2015 기초 볼트
- KS F 8001 건축구조물 시공 공사 표준

신문기사
- "올해 철골조 고층 아파트건설 '활황' 예고" 『한국건설신문』. 2002.1.19. conslove.co.kr/news/articleView.html?idxno=801

웹페이지
- 대한건축학회 온라인 건축용어사전 dict.aik.or.kr
- 스틸라이트 steelite.co.kr
- 포스코경영연구원 posri.re.kr
- 한국철강협회 kosa.or.kr
- 한국철강협회 철스크랩위원회 steelscrap.or.kr
- American Institute of Steel Construction aisc.org
- e-나라표준인증 standard.go.kr

건축재료 처방전

<감 매거진GARM Magazine>은 자신의 공간을 스스로 만들 수 있는
최소한의 방법을 안내합니다. 그 시작은 건축의 가장 작은 단위인
재료에 대한 고찰입니다.
'감'은 순우리말로 재료를 뜻합니다. 감의 씨앗인 '감씨garmSSI'는
감 매거진을 만드는 에엇애플8apple의 출판 브랜드로, 당신의 공간에
적합한 재료를 소개하고 더 나아가 개인의 창조력을 현실화하는
방법을 함께 논의합니다.